LODI ALLA MADONNA
성모님께 바치는 찬가들

LODI ALLA MADONNA nel primo millennio delle Chiese d'Oriente e d'Occidente
PAOLINE EDITORIALE LIBRI - © FIGLIE DI SAN PAOLO, 2014, via Francesco Albani, 21 - 20149 Milan (Italy)

Korean translation copyright © 2025 Catholic Publishing House

All rights reserved. No part of this book may be used or reproduced in any manner without written permission, except in the case of brief quotations embodied in critical articles or reviews.

성모님께 바치는 찬가들

2025년 1월 14일 교회 인가
2025년 4월 4일 초판 1쇄 펴냄

엮은이 · 코스탄테 베르셀리, 제오르제스 가리브
옮긴이 · 이인섭
펴낸이 · 정순택
펴낸곳 · 가톨릭출판사
편집 겸 인쇄인 · 김대영
편집 · 강서윤, 김지영, 김지현, 박다솜
디자인 · 정진아, 정호진, 강해인, 이경숙
마케팅 · 임찬양, 안효진, 황희진, 노가영

본사 · 서울특별시 중구 중림로 27
등록 · 1958. 1. 16. 제2-314호
전자우편 · edit@catholicbook.kr
전화 · 1544-1886(대표번호)
지로번호 · 3000997

ISBN 978-89-321-1946-5 03230

값 24,000원

성경 ⓒ 한국천주교중앙협의회, 2025.

이 책의 한국어 출판권은 (재)천주교 서울대교구 가톨릭출판사에 있습니다.
저작권법에 의해 보호를 받는 저작물이므로 무단 전재와 무단 복제를 금합니다.

가톨릭의 모든 도서와 성물, 디지털 콘텐츠를 '**가톨릭북플러스**'에서 만날 수 있습니다.
https://www.catholicbookplus.kr (02)6365-1888(구입 문의)

LODI ALLA MADONNA

성모님께 바치는 찬가들

코스탄테 베르첼리, 제오르제스 가리브 엮음

이인섭 옮김

가톨릭출판사

서문

'역사적 **예수님**'과 '신앙의 대상인 **그리스도**' 사이의 구분은, 매우 간결하면서도 동시에 역사 안에 깊이 스며들어 있는 나자렛 예수라는 길의 필연성과 중심성을 되새기기 위한 피할 수 없는 조건이다. 많은 사람은 이 길 위에서 자신뿐만 아니라 인류의 구원을 인식하고 고백하도록 이끌렸다.

'**예수님은 그리스도시다**'라는 진리가 어떤 사건 혹은 경험으로부터 기계적으로 드러나는 명제가 아닌, 그리스도교 신앙을 '고백'하는 것임을 기억한다는 것 역시 중요하다. 자유는 이에 대한 전제 조건이며, 이 신앙의 자유로운 고백이 없다면 신앙일 수 없다. 그저 수많은 정신적 사상 중 하나로 전락할 것이다.

이 간단한 명제, '예수 그리스도'를 분리하는 것이 그토록 민감하고도 때로는 어려움을 주는 이유가 여기에 있다. 역사적 측면과 신학적 측면은 종종 암묵적인 긴장 관계로 나타나는데, 이는 예수 혹은 그리스도 중 하나의 극단에만 이 두 진리를 몰아넣으려는 현상으로 드러난다. 그렇기에 많은 경우 인간의 한계를 넘어서는 그 모든 것은 종교적 신화가 되고, 반대로 인간적인 것은 신학적 의미와 혼재되는 것이다. 여기에서 명백히 드러나는 것은 하나의 생명이, 참하느님이시자 참인간이신 분을 담아내기에는 너무나 비좁다는 것이다.

이 논쟁을 충분히 다루기에는 지면도 시간도 충분치 않다. 기실 역사적 예수의 가장 인간적인 조건이 그리스도 신학에서 가장 빈번히 다루는 주제 아니었던가. 그렇다면 예수님의 생명이 한 모성적 존재로부터 나왔다는 사실은 어떠한가. 그 또한 비슷하다. 이 주제는 그 누구도 의문을 가지지 않았다. 하지만 예수님의 어머니는 때로는 조각처럼 미미하게 남아 있었던 반면, 때로는 그분을 신학적 호칭인 '나의 주님'[1]이라고 부르는, 거대화된 신학적 관점이

---

[1] 성모님을 '나의 주님'으로 부르는 이 관습은 꽤 오래된 것으로 이미 중세 이전부터 발견되었다. 일례로 이슬람 문화권에서 나자렛의 성모님을 '모든 예언자의 인장 자체인 예수님'의 어머니로서 칭한 'Sayyda'(아랍어로 '여주인'을 뜻함. sayyd의 여성형 명사)라는 호칭을 사용했는데, 이 호칭이 매우 유사한 형태로 교회 내에서도 쓰이고 있었다는 사실로 증명된다.

더욱 큰 역할을 하게 되었다. 이러한 관점은 역사적으로 수백만 그리스도인의 신앙과 예식, 성찰 안에 중심적으로 자리 잡아 왔다.

십자가에서 구유에 이르기까지

타르수스Tarso의 바오로

예수님의 첫 제자를 하나의 공동체 안으로 모은 것은 그분의 파스카, 그분의 죽음이라는 구원적 희생[2]에 대한 기억이었다. 이는 얼마나 강력했던지, 부활을 통해 입증되었으며 새로운 시대와 계약을 세울 정도로 '강한'[3] 것이었다.

"부활은 …… 십자가에 못 박히신 분께서 단순한 희생자가 아니심을 드러내며, …… 그분께서 모든 인간을 위해 돌아가신 하느님의 아드님이심을 드러내는 것이다."[4]

이는 초기 교회의 전교를 숨 쉬게 했던 핵심 진리로서, 나자렛

---

2 그리스도의 수난과, 당시 널리 퍼져 있던 그분의 부활이라는 주제의 중심성에 관해서는 N. Füglister, *Il valore salvifico della Pasqua*, Brescia 1976를 참조하라.

3 이러한 표현은 이미 성경에서도 드러나는 심오한 표현이다. 성경 내에서 이는 계약을 표현하는 서사나, 하느님과 그분께서 하시는 일이 매우 강력하다는 말씀에서 드러난다. "멸망할 자들에게는 십자가에 관한 말씀이 어리석은 것이지만, 구원을 받을 우리에게는 하느님의 힘입니다."(1코린 1,18)

4 B. Maggioni, *I racconti evangelici della passione*, Assisi 1994, 6.

예수님의 지상 행적과 그분의 위업, 구원의 신비를 고백하는 것이었다. 머지않아 실현될 구원이라는 기쁜 소식, 다가올 정의의 왕국에 관한 기쁜 소식은 복음의 첫 선포자들의 발걸음에 생명을 불어넣었다.[5]

이러한 초기 교회의 행보 안에, 예수님께서 가정에 머무르셨을 때의 이야기가 어떤 의미에서는 부차적이라는 사실은 그다지 놀라운 일은 아니다. 사실 초기 교회는 예수님 자체보다는 그분의 파스카, 그로 인해 실현된 하늘나라가 드러내는 것, 곧 의인이 그 나라 안에서 구원으로 보상받을 하느님의 정의를 더 중점적으로 선포하였기 때문이다.

이러한 초기 교회의 경향은 바오로 서간에 남아 있는 것이기도 하다. 일례로 첫 서간인 테살로니카 신자들에게 보낸 첫째 서간으로부터 로마 신자들에게 보낸 서간에 이르기까지,[6] 이 이방인의 사도는 자신 또한 전해받았던 파스카 케리그마를 반복하고 있다. "그리스도께서는 성경 말씀대로 우리의 죄 때문에 돌아가시고 묻히셨

---

[5] 마르코 복음서에서 군중이 예루살렘으로 입성하시던 예수님을 향해 '호산나'를 연호連呼할 때, 그들은 다음과 같이 외쳤다. "주님의 이름으로 오시는 분은 복되시어라. 다가오는 우리 조상 다윗의 나라는 복되어라. 지극히 높은 곳에 호산나!"(마르 11,9-10)

[6] 바오로 서간들의 연표에 관해서는 다음을 참조하였다. R. Fabris, *La tradizione paolina*, Bologna 1995.

으며, 성경 말씀대로 사흗날에 되살아나시어……."(1코린 15,3-4) 여기에서 우리는 성모님에 관한 메시지를 발견하지 못하는 것 이전에 파스카 신학의 핵심과 직접적으로 관련되지 않은 예수님의 지상 생애도 신비에 가려져 있음을 본다.[7] 우리는 이와 갈라티아 신자들에게 보낸 서간 4장 4-5절에 나타나는 유명한 구절을 비교해 볼 필요가 있다.

"그러나 때가 차자 하느님께서 당신의 아드님을 보내시어 여인에게서 태어나 율법 아래 놓이게 하셨습니다. 율법 아래 있는 이들을 속량하시어 우리가 하느님의 자녀 되는 자격을 얻게 하시려는 것이었습니다."(갈라 4,4-5)

이 본문은 다음과 같이 명백히 대칭 형태로 이루어져 있다.

그러나 때가 차자 하느님께서 당신의 아드님을 보내시어
A) 여인에게서 태어나

---

[7] 물론 여기에는 예수님의 가르침이 울려 퍼지고 있다(L. Walt, *Paolo e le parole di Gesù. Frammenti di un insegnamento orale*, Brescia 2013 참조). 하지만 여기에서는 나자렛 예수님을 따르는 이들의 특징적인 지혜 유산을 다루고 있는 듯하다.

B) 율법 아래 놓이게 하셨습니다.

B´) 율법 아래 있는 이들을 속량하시어

A´) 우리가 하느님의 자녀 되는 자격을 얻게 하시려는 것이었습니다.

이 구절의 의미는 예수님의 어머니에 대한 특정한 기억 맞은편에 위치한다. 바오로가 여기에서 언급하는 두 가지 내용은 예수님의 인성과(여인에게서 태어나)[8] 히브리인으로서의 그분의 정체성(율법 아래 놓임)을 나타내기 위한 것으로, 이는 바오로 신학 안에서 율법으로부터의 속량과 모든 사람의 구원이라는 파스카를 위한 전제 조건이 된다.

공관 복음이 처음으로 나타날 무렵
— 마르코 복음에서의 성모님

하지만 앞에서 언급된 초기의 신학적 경향은 다양한 그리스도교 공동체가 나타날 무렵까지 이어지진 않았다. 이러한 파스카 케리그마가 확고히 자리 잡음에 따라, 60년경에는 그리스도적 선포

---

[8] 이 '특별한' 형상적 구조는 아우구스티노의 글에서도 확인할 수 있다. "그리스도께서 나셨다. 아버지로부터 나신 하느님, 어머니로부터 나신 사람"(찬가 17)

가 '사건'(파스카)으로부터 그 '주체'(예수 그리스도)로 옮겨 가게 되었고, 이로 인해 주님의 말씀과 행적에 관한 기억이 기록 안에 체계화되기 시작되었다. 이른바 최초의 '정경' 복음서인 마르코 복음서의 핵심은 이 시기가 마무리될 때 형성되었다.

비록 이 본문에서는 예수님의 일대기가 진행되고 있지는 않지만, 그분의 '공생활'이 다루어지고 있다. 이는 파스카뿐만 아니라 그분의 가르침 또한 한데 묶은 것이었다. 이 매우 중요한 문서를 중심으로 이루어지는 다양성을 통해, 복음서가 단순히 나자렛 예수님의 역사 모두를 보존하려는 것이 아니라, 신학적, 윤리적, 그리고 해석학적인 관점에 관련된 것 위에서도, 그분 제자들의 공동체를 형성하고 특징짓는 역할을 했다는 사실이 매우 명백해짐을 알 수 있다.

이 복음 안에서 우리는 예수님의 가족에 관한 초창기의 기록을 접할 수 있는데, 여기에는 그분의 어머니이신 성모님 또한 포함되어 있다. 먼저 그분에 관한 주목할 만한 첫 번째 언급은 3장에서 발견된다. 예수님께서는 "집으로 가셨다. 그러자 군중이 다시 모여들어 예수님의 일행은 음식을 들 수조차 없었다. 그런데 예수님의 친척들이[9] 소문을 듣고 그분을 붙잡으러 나섰다. 그들은 예수님께서 미쳤다고 생각하였던 것이다."(마르 3,20-21)라는 내용이 있다. 이후 율법 학자들과의 대화에서, 이 본문의 편집자들은 이 맥락 안에 예수님의 가족에 관한 유명한 담화를 도입하고 있다.

그때에 예수님의 어머니와 형제들이 왔다. 그들은 밖에 서서 사람을 보내어 예수님을 불렀다. 그분 둘레에는 군중이 앉아 있었는데, 사람들이 예수님께 "보십시오, 스승님의 어머님과 형제들과 누이들이 밖에서 스승님을 찾고 계십니다." 하고 말하였다. 그러자 예수님께서 그들에게, "누가 내 어머니고 내 형제들이냐?" 하고 반문하셨다. 그리고 당신 주위에 앉은 사람들을 둘러보시며 이르셨다. "이들이 내 어머니고 내 형제들이다. 하느님의 뜻을 실행하는 사람이 바로 내 형제요 누이요 어머니다."(마르 3,31-35)

예수님의 이러한 엄격한 입장은 예수님의 '원가족'들이 '밖에서' 사람을 보내 그분을 부르는 구도에서 더욱 강화되는데, 이는 '그분

---

[9] 비록 '주위에 있던 이들'과 마르코 복음서 3장 31절의 가족들이 같은 이들일 수 있는지에 대한 논쟁의 여지는 남아 있지만, 위에 이어질 논거가 본문의 의미를 해석하는 데 현실적으로 더욱 적합하다고 본다.

주위'에 있는 이들이 그분의 새로운 가족을 형성하고 있다는 사실로 나타난다. 이러한 그분의 입장은 '부자 청년'과의 대화의 결말에 비추어 이해할 수 있다.

예수님께서 말씀하셨다. "내가 진실로 너희에게 말한다. 누구든지 나 때문에, 또 복음 때문에 집이나 형제나 자매, 어머니나 아버지, 자녀나 토지를 버린 사람은 현세에서 박해도 받겠지만 집과 형제와 자매와 어머니와 자녀와 토지를 백 배나 받을 것이고, 내세에서는 영원한 생명을 받을 것이다. 그런데 첫째가 꼴찌 되고 꼴찌가 첫째 되는 이들이 많을 것이다."(마르 10,29-31)

마르코 복음의 관점에서 예수님의 제자됨은 한 개인이 기존에 품고 있었던 정체성의 '위기'를 유발한다. 예수님을 선택하는 이는 (여기에서 말하는 이탈리아어 단어 '위기crisi'는 그리스어 κρίνω[선택하다]에서 파생되었다), 세상이 그에게 요구할 수 있는, 자신이 지니고 있던 모든 것들에서 단절한다. 여기에는 금전, 권력뿐만 아니라 애정이 깃든 혈연관계도 포함된다. 그러한 관점에서 예수님의 원가족이 그분의 메시아적 사명에 있어 하나의 방해물처럼 나타나는 것이 놀라운 일은 아니다.

예수님과 그분의 가족과의 궁극적인 '거리감'은 나자렛 회당 근처에서의 설교 부분에서 다시금 나타난다.

안식일이 되자 예수님께서는 회당에서 가르치기 시작하셨다. 많은 이가 듣고는 놀라서 이렇게 말하였다. "저 사람이 어디서 저 모든 것을 얻었을까? 저런 지혜를 어디서 받았을까? 그의 손에서 저런 기적들이 일어나다니! 저 사람은 목수로서 마리아의 아들이며, 야고보, 요세, 유다, 시몬과 형제간이 아닌가? 그의 누이들도 우리와 함께 여기에 살고 있지 않는가?" 그러면서 그들은 그분을 못마땅하게 여겼다(마르 6,2-3).

성모님의 이름인 마리아가 처음 나타나는 이 경우에도, 본문의 편집자들은 예수님께서 당신의 가족과 거리를 두셨다는 사실을 강조한다. 예수님을 향해 이름 모를 주변인들이 하는 문제 제기("그의 누이들도 우리와 함께 여기에 살고 있지 않는가?")는 예수님과 그분의 가장 가까운 친인척들 사이에 나타나는 궁극적인 거리감으로도 극복된다. 게다가 여기에서 예수님께선 권위를 갖고 다음과 같이 답변하신다. "예언자는 어디에서나 존경받지만 고향과 친척과 집안에서만은 존경받지 못한다."(마르 6,4)

이 짧은 구절에도 우리가 주목해야 할 점이 있다. 이 이야기에 해당하는 공관 복음 중[10], 오직 여기에서만 예수님께서 요셉이라는 부성이 아닌 성모님이라는 모성을 통해 정체성이 드러나신다는 것이다. 이것은 무엇을 의미하는가? 요셉이 지금 여기에서 이야기된 사건들 이전에 세상을 떠났다는 주장은 이야기에 비추어 볼 때 일관성이 없어 보이고, 마찬가지로 예수님의 동정 잉태와 그에 따른 요셉과의 관계에서 나타나는 법적 정당성을 언급하는 그리스도론적 주제 역시 이 부분의 주요 주제가 아니다. 여기에서 우리는 단순히 '고고학적' 흔적을 발견하는지도 모른다. 이는 마르코 복음서가 편집된 환경과는 결이 다른 여러 환경에 관련된 것으로, 예수님의 가족, 특히 그분의 어머니에 대해 더욱 주의 깊게 바라보고 있었던 곳의 상황을 나타낸다는 것이다.

이 두 사례 이외에 마르코 복음에서 성모님과 관련된 내용은 찾아볼 수 없다. 혹자는 초기 그리스도교의 '베드로 공동체의 목소리'로도 볼 수 있는 이 두 번째 복음이, 다른 곳에서는 높이 평가되었을 법한 예수님의 가족에 관한 내용을 축소시켰을 것이라고 주

10　병행 부분인 마태오 복음서 13장 54-58절과 루카 복음서 4장 16-30절을 참조하라.

장하기도 한다.[11] 이러한 요소는 이 복음이 형태를 갖출 때, 편집자들이 내용을 선별할 때 분명 영향을 미쳤을 것이다. 하지만 마르코 복음에서 묘사되는 예수님과 그분의 가족들과의 먼 거리감에서부터, 그에 관련된 예수님의 말씀이 더욱 심오하게 해석될 수도 있다고 본다. 그 질문은 다음과 같을 것이다. 하느님의 나라를 선포하고 기다리는 사람들에게 있어, 실제 역사 안에서 맺었던 좋은 관계, 특히 실제적인 가족의 관계를 있는 그대로 보존할 수 있겠는가? (마르코 복음 13장, 특히 17장을 참조하라.)

전환점 — 마태오 복음서와 루카 복음서의 성모님

1세기 그리스도교의 가장 중요하고도 큰 변화는 파스카 신학으로부터 점점 더 선명해져 가는 그리스도론으로의 확장일 것이다. 이러한 신학적 흐름의 궤적 앞에서, 사람들은 선교에서부터 초기 그리스도교 공동체들의 통합이라는 화두가 부상하는 과정을 보았다. 이 단계에서의 공동체는 기존의 유다교를 따르던 이들과 새로운 그리스도교를 받아들인 이들 사이의 넓은 간극이라는 숙제를 안고 있었기 때문이다.

---

[11] C. Gianotto [편저], *Ebrei credenti in Gesù. Le testimonianze degli autori antichi*, Milano 2012 (Letture cristiane del primo millennio 48), pp. 56-73 참조. 특히 56-60페이지를 참조할 것.

실제로 몇몇 구절에서 우리는 이와 같은 두 가지 현상, 곧 그리스도론의 공고한 발전과 유다교와 그리스도교 사이의 긴장을 발견한다. 흥미롭게도 이 두 가지는 서로 같이 가기 마련이어서, 한쪽이 부각되면 다른 한쪽도 그만큼 비례하여 부각될 수밖에 없다.

이 과정의 가장 민감했던 시기의 시대상은(예루살렘 성전 파괴가 일어난 지 얼마 지나지 않은 시기였다) 마태오 복음과 루카 복음의 요점을 구성했다.

이 두 복음서에서 우리가 발견할 수 있는 특별한 요소는 두말할 것 없이 예수님의 탄생 이야기일 것이다. 앞서 우리는 기존의 공동체에서 파스카 이외에 기억했던 것은 예수님의 '공생활'뿐이었다고 이야기했는데, 이 새로운 두 복음서가 이러한 마르코 복음을 넘어설 수 있었던 이유는 예수님 제자들의 여러 공동체의 모습이, 파스카 케리그마를 넘어 사람의 아들의 오심의 신비를 전체적으로 기념하였던 당시 추세에 부합했기 때문이었을 것이다. 만약 마르코 복음을 통해 예수님의 메시아적 가르침의 보존과 새 계약이 이루어졌다면 마태오 복음과 루카 복음은 이에 더하여 메시아의 인격을 전체적으로 기념하는 마지막 단계를 성취한 것이라 볼 수 있다.

나자렛의 마리아라는 인물이 전례 없는 중심성을 얻은 순간이 그때였으며, 바로 이러한 신학적 배경이 바탕이 되었다. 오로지 파스카만이 아닌, 예수님의 메시지만이 아닌, 예수님 자체가 그리스도교 복음의 신학적 중심이 되었으며, 이에 따라 그분의 탄생도 곧 신학적 성찰의 관심을 받게 되었다.

이와 관련하여 우리는 여러 중요한 점을 살펴볼 필요가 있다.

1. 예수님의 가족과 관련하여, 마태오 복음과 루카 복음은 메시아의 형제자매보다 그분 부모님의 기억을 토대로 이야기를 전개한다.[12]

2. 마태오 복음은 예수님의 부모의 비중을 균형 있게 다루려 하는 반면, 루카 복음은 성모님의 비중이 확실히 더욱 크게 드러나도록 한다.

3. 예수님의 탄생이라는 주제는 직접적인 이야기 전달이라기보다는 해석학적으로 미드라쉬의 특성을 전제한다.

---

12   이 경우에도 이러한 선택의 이유를 이해하기 위해서는 당시 내려오던 사도적 전승과 그 외 다양한 자치적 지도 구조를 가진 공동체에 고유하게 자리 잡았던 독립적 전승 사이에 있었던 긴장을 알아 둘 필요가 있다(Gianotto [편저], *Ebrei credenti in Gesù*, 56-76 참조). 1세기, 곧 80년대에 예수님의 부모님은 이미 세상을 떠나셨을 것이며, 그분의 형제자매들도 그러하였을 것이다. 그러나 그들은 다양한 공동체, 특히 팔레스타인 지역에 존재한 공동체에서 지도력을 정의함에 있어 그 역할이 크게 주목받았을 것이다.

특별히 이 예수님의 비범한 탄생(동정 출생[13])은 이 두 복음서의 첫 부분을 장식하는 주제로 나타난다. 특히 이러한 전승은 그리스도교 선교가 시작된 이후로부터 "성경 말씀대로"(1코린 15,3-4) 예수님의 부활이 이루어졌다는 논리를 충실히 따른 것으로, 이사야서 7장 14절('70인역' 기준)의 예언을 받아들임으로써 예수님의 잉태를 해석한 것이었다.

'그러므로 주님께서도 너희에게 표징을 주시리라. 한 젊은 여인

---

13 나자렛 성모님의 동정성은 자주 언급되는 주제다. 복음서에만 한정했을 때, 이른바 '성탄의 복음들'에서 성모님을 일컫는 파르테노스parthenos라는 그리스어는 우선적으로 '미혼자'(1코린 7,25-38; 2코린 11,2 참조) 혹은 '동정녀'(마태 25,1-11; 루카 2,36; 사도 21,9; 묵시 14,4)를 의미한다. 이 두 가지 의미론적 배경을 묶는 기준은 당사자가 어리다는 점, 때로는 혼인을 하지 않은 점으로 인한 수태의 불가능성을 나타내기도 한다. 사실 누군가가 이를 역사적 관점으로만 본다면, 마태오 복음과 루카 복음에서의 예수님 탄생은 '특별히 하느님의 성령으로 말미암은 것'으로 나타난다는 것 이상을 언급하기는 어려울 것이다. 특히 마태오 복음은 예수님께서 '성령으로 말미암아' 성모님 안에 잉태되셨다고 말한다(1,20). (J.P. Meier, *Un Ebreo marginale. Ripensare il Gesù storico, 1: Le radici del problema e della persona*, Brescia 2001, 222 참조). 이 성령의 임하심은 당시 성모님께서 어렸기에 잉태가 어려웠다는 현실을 강조하기 위한 것이었다. 예수님 어머니의 동정성, 성모님의 '파르테니아parthenía'는 '마태오 복음과 루카 복음 안에서 예수님의 생명의 기원에 있어서 성령의 역할을 강조하고 있다. 복음사가들이 드러낸 이러한 신학적 관점은 …… 초기 그리스도교 전승에서 예수님을 죽음으로부터 다시 일으키신 힘을 가지신 성령께서 바로 그 종말론적 힘으로 예수님의 동정 잉태를 가능케 하셨음을 드러낸다'(같은 곳, 220 참조).

이[14] 아들을 잉태하여 낳으리니 그 이름을 임마누엘이라 하라.'[15]

그리스도교 공동체의 기억 속에서 이처럼 메시아이신 그분의 인격을 믿음의 중심에 자리시키자 나자렛의 성모님은 곧 예언적 표징이 되셨다. 그분을 통해, 이사야의 예언에서 나타난 '잉태한 젊은 여인'에 관한 '진리'[16]를 깨닫게 되었기 때문이다.[17]

예수님 잉태 이야기의 중심은 마태오 복음(1,18-25)과 루카 복음(1,26-38) 모두 성령의 작용에 있다. 요셉 성인은 두 복음 모두에서

---

14 비록 E. Bianchi, *Introduzione*, in S. Chialà - L. Cremaschi [편저], *Maria. Testi teologici e spirituali dal I al XX secolo*, Milano 2000, IX-LXVIII 중 XXVIII에서 이사 7,14(70인역)이 "임마누엘을 낳을 여인은, 히브리어 원문과 같이 단순히 '소녀 혹은 젊은 여인'을 의미하는 calmah가 아닌 동정녀를 의미하는 parthenos라고 적혀 있다"고 주장하지만, 사실 이 예언적 어휘는 그 의미가 모호하다고 볼 수 있다. 이사야서에서 표현되고, 공관 복음에 의해 예수님의 탄생에서 인정된 이 표징에는 두 가지 요점이 있다. 첫째로 경험적 측면에서 '생물학적' 법칙에 배치되는(설령 동정성을 차치하더라도 아이를 갖기엔 너무나도 어리기에 잉태는 여전히 어렵다, 루카 1,34.37 참조) 사실의 예외성이 강조되고, 다른 한편으로는 어머니와 아이가 감내할 사회적 고립을 강조한다. '젊은 여인이 메시아를 잉태'하는 것은 그녀의 후손이 사회적 질서의 변두리에 놓인다는 의미다. 이분들이 모든 경험적 법칙을 초월하고 이를 뛰어넘는다는 사실은 놀라움과 충격을 준다..

15 이 해석학적 관점은 그리스도교 전통에서 유례없는 빛을 발하게 된다. 이는 성모님이라는 인물 위에 드러난 성경 전승을 정리한 발라이의 언급에 잘 드러나 있다(찬가 54 참조).

16 예형적 해석학에 의하면, 첫 계약(구약)에 나타나는 바는 '예형'으로서, 새롭고도 영원한 계약(신약)이 세울 사건과, 그에 나타나는 인물의 형상이다. 이러한 방식 안에서, 신약 성경 안에서 언급되는 모든 것은 옛 표징과 예언의 '진리'를 포함한다.

17 마태오 복음서 1장 18-25절. 특히 다음의 구절에서 실현된 것을 말한다. "주님께서 예언자를 통하여 하신 말씀이 이루어지려고 이 모든 일이 일어났다. 곧 '보아라, 동정녀가 잉태하여 아들을 낳으리니 그 이름을 임마누엘이라고 하리라.' 하신 말씀이다."(마태 1,22-23)

보조적 역할을 하지만, 약간 차이가 있다. 루카 복음에서는 1, 2장에서 마리아의 이름이 열두 번이나 반복되고 요셉 성인의 비중은 낮은[18] 반면, 마태오 복음에서는 상대적으로 요셉 성인의 비중이 높다.[19] 루카 복음 첫 부분에서의 성모님은 이야기의 흐름에 일관되게 드러나며, 직접적인 발화자로 나타나기도 한다.

특히 이 루카 복음에서의 성모님은 세 부분에서 담화를 수행한다. 가장 유명한 수태고지 담화(1,26-38) 이외에도, 예수님과의 짧은 소통("애야, 우리에게 왜 이렇게 하였느냐? 네 아버지와 내가 너를 애타게 찾았단다.", 루카 2,48), 그리고 마니피캇이 그것이다.

이곳에서 마니피캇의 형태를 이룬 다양한 성경적 요소를 분

---

[18] 루카 1,27.30.34.38-39.41.46.56; 2,5.16.19.34에 걸쳐 성모님이 많은 부분 언급되는 반면, 1, 2장에서 요셉의 이름은 단 세 번 언급된다(1,27; 2,4.16; 3,23).

[19] 이는 성모님의 비중이 약하다는 의미가 아니다. 이에 관해서는 '~는 ~를 낳고'라는 39차례에 이르는 표현의 반복 이후 마지막에 "야곱은 마리아의 남편 요셉을 낳았는데, 마리아에게서 그리스도라고 불리는 예수님께서 태어나셨다."라고 쓰여 있는 족보를 보면 알 수 있다. 동방박사들이 본 공현 장면에서도, "그리고 그 집에 들어가 어머니 마리아와 함께 있는 아기를 보고 땅에 엎드려 경배하였다."(특히 성모님의 비중이 부각되는 루카 복음에서조차 같은 장면에서 요셉이 언급되는 것을 보면[루카 2,16], 이 부분에서 요셉이 언급되지 않음이 인상적이다)는 내용이 있다(마태 2,11). 물론 마태오 복음에서의 족보는 여전히 요셉을 통해 이어지고, 이 복음에서 예수님 잉태 소식을 접하는 장면도 요셉을 통해 드러난다(마태 1,20-21). 천사를 통해 이집트로 피신하여 아기를 구하라는 지시를 받는 주체도 요셉이고(마태 2,13-15) 집으로 돌아가도 좋다는 소식을 들은 이도 요셉이다(마태 2,19-23).

석하지는 않겠지만,[20] 가장 큰 영감을 제공한 병행 구절인 1사무 2,1-10을 언급할 필요가 있다. 나자렛 성모님은 사무엘의 어머니인 한나의 노래와 근본적으로 비슷한 형태를 보이는 찬가를 선포하신다. 이 경우에도 이사야의 예언의 경우와 같이 주님의 강력한 작용이 생물학적 한계(한나의 경우처럼)와 가정 내의 불균형(한나와 다르게 여러 자녀를 두었던, 엘카나의 두 번째 아내 프닌나가 부렸던 심술을 말한다, 1사무 1,1-7 참조)을 뛰어넘음으로써 이루어진다.

매우 절망적인 상황에서 하느님께서 청을 들어주실 것임을 확고하게 말하는 엘리 사제와 대화한 이후의 한나처럼("한나는 '나리께서 당신 여종을 너그럽게 보아주시기 바랍니다.' 하고는 그길로 가서 음식을 먹었다. 그의 얼굴이 더 이상 전과 같이 어둡지 않았다.", 1사무 1,18), 성모님 역시 천사와의 만남 후 즉시 "길을 떠나"(루카 1,39)시며 깊이 변화되셨다. 사실 엘리사벳과 그녀의 태중에 있던 아기 모두 그들이 "주님의 어머니"(루카 1,43)로 알아보았던 분을 뵙고 기뻐하였다.[21]

이 부분부터 나자렛의 성모님의 이야기는 침묵에 영원한 변화

---

[20] 이는 루카 복음 편집자의 복음서 자료에 포함된 것으로, 유다-그리스도교 공동체에서 사용되었던 이스라엘의 '가난한 이들의 찬가'를 다루고 있을 가능성도 존재한다.

[21] 루카 복음의 마리아론의 요약본은 가장 열정적이었던 성모 찬가의 저자였던 에프렘의 언급에서 나타난다(찬가 12 참조).

를 맞이한다. 갈라티아 신자들에게 보낸 서간 4장 4-5절에 나타나는 익명의 여인, 당시 예수님의 가르침에서 반문을 받아야 했던(마르 3,31-35; 6,2-3 참조) 그 어머니, 아드님의 사명을 이해하지 못한 것처럼 보였던 여인께선, 이제 이사야가 선포한 바 있는, 예언적인 '잉태한 젊은 여인'이자(마태 1,22-23 참조)[22] 주님의 어머니(루카 1,43 참조)가 되셨다. 이러한 신학의 정점에 도달한 뒤에, 성모님께서 천사로부터든[23] 사람들로부터든[24] 그 덕행과 주님의 어머니

---

[22] 우리는 여기에서 성모님의 역사적 기억과 그분에 대한 성경적 해석, 그리고 그분을 신학적으로 기리는 것들이 얼마나 어렵게 그 균형을 유지했는지 알 수 있다. 이는 앞서 언급한 '역사적 예수님'과 '신앙의 대상으로서의 그리스도' 사이에서의 '변증법적' 측면 안에서 각각의 용어가 서로 간 영향을 미칠 수 있는 측면이 성모님에게서도 드러나는 것이다. 이에 관해 베드로 크리솔로고가 던진, 어찌 보면 매우 현대적인 질문이 의미심장하다(찬가 52 참조).
"동정녀시여 / 당신은 온전히 그대로신데 / 우리에게 무엇을 선물해 주셨나이까 / 동정이신 분께서 어찌 어머니가 되셨나이까"

[23] 수태고지 인사말을 말한다. "은총이 가득한 이여, 기뻐하여라. 주님께서 너와 함께 계시다. …… 두려워하지 마라, 마리아야. 너는 하느님의 총애를 받았다."(루카 1,28-30)

[24] 엘리사벳은 마리아를 '복되신 분'("당신은 여인들 가운데에서 가장 복되시며[eulogeméne] 당신 태중의 아기도 복되십니다.", 루카 1,42)이자 '행복하신 분'(행복하십니다[makaría], 주님께서 하신 말씀이 이루어지리라고 믿으신 분)이라고 칭하였다. 성모님도 당신의 '운명'을 알고 계셨다. "이제부터 과연 모든 세대가 나를 행복하다 하리니(makariousín me)."(루카 1,48) 만약 여기서의 '복되다'라는 표현이 신적 대상에게 하는 것이었다면(2코린 1,3; 에페 1,3; 마르 14,61; 루카 24,53; 야고 3,9; 1베드 1,3; 묵시 5,12-13; 7,12 참조), '복되심'은 '행복한 이들'이 노래하는, 천상 예루살렘의 복된 이들의 상태를 이야기한다고 볼 수 있다(마태 5,3-11; 루카 6,20-22). 이는 "자기들의 긴 겉옷을 깨끗이 빠는 이들은 행복하다. 그들은 생명나무의 열매를 먹는 권한을 받고, 성문을 지나 그 도성으로 들어가게 될 것이다."(묵시 22,14)에서도 찾을 수 있다.

로서의 정체성[25]으로 공경받게 되신 것은 우연이 아니다.

카나로부터
십자가에 이르기까지

  초기 교회의 그리스도론적 사고의 전환적 흐름에는 성모님 또한 포함되었다. 이에 관하여 요한 복음 전승으로부터 이 흐름을 따라가는 것은 매우 흥미로운 일이 될 것이다. 이는 이후에 이어질 흐름을 이해하는 데에도 도움을 줄 것이다.

  네 번째 복음서에서 예수님 어머니의 이름은 언급되지 않는다. 이 복음은 "한처음에"(요한 1,1), '하느님과 함께 계실 적'부터 이어진 예수님의 신성을 나타낸 천상적 서문으로 이른바 '성탄의 복음'을 대체하였고, 이로써 예수님의 '공생활'의 모델로 돌아갔다. 편집자들의 이 선택은 초기 그리스도교의 그리스도론이 진정으로 도약하는 데 도움을 주는 것과 같았고, 마르코 복음의 구조, 곧 '역사적 예수님'의 기억은 '세례자 요한의 증언'(요한 1,19-28)이 함께하는 당신의 세례로 시작되는 구조를 되살리게 되었다.

---

25 이 단락의 결론을 넘어서, 이러한 정체성은 나자렛의 성모님을 전혀 알지 못했던 어떤 여인이 외쳤던 다음의 말의 의미와 상통한다. "선생님을 배었던 모태와 선생님께 젖을 먹인 가슴은 행복합니다."(루카 11,27)

이러한 전제 상황은 나자렛 성모님을 단순히 '도구적 차원에서 바라보고 읽는 것'[26]을 재고하게 만든다. 비록 '주님의 어머니'에 관한 기억이 어디까지나 초기의 '그리스도교적 성찰'이 주를 이뤘던 환경 안에 맥락화되어야 할지라도, 탄생 이전의 태곳적부터 예수님을 그리스도론적으로 성찰하는 이 요한 복음에서도 성모님께 이토록 특별히 부여된 역할을 생각한다면, 당시 성모님이라는 인물에 주어진 자율적 가치가 초기 그리스도교 전승에서도 잘 자리 잡았음을 추측할 수 있다.

이 네 번째 복음서는 그리스도교에서 가장 오래된 '신학적 저술'로 정당하게 평가받는다. 그리고 그 안에서 예수님에 관한 기억은 그리스도교적인 담론의 체계적 특성을 여실히 드러낸다. 파스카 이야기로 들어가기 전 서언 이후, 요한 세례자의 증언에 이어 불트만Bultmann이 이야기했던 '표징의 책'(요한 2-12)이 뒤따르는데, 여기에는 각각 심오한 상징적 의미를 지닌 일련의 에피소드들로 예수님의 신성을 드러내는 이야기가 모여 있다. 일반적으로 어떤 한 문학 작품의 설화적 구조가 강하게 드러날수록, 그 본문의 의미가 더욱 짙게 드러나게 된다. 요한 복음에서 바로 이러한 특징이 드러나

---

[26] 나자렛의 성모님을 마태오 복음과 루카 복음이 마르코 복음의 그리스도론을 구현하기 위해서만 언급한다는 관점을 말한다.

는데, 카나의 혼인 잔치 이야기(요한 2,1-12)로부터 시작하여 부활의 진정한 예형인 라자로의 소생에 이르기까지(12,1-11) 그리스도론적 표징의 연속을 통해 드러내고 있다.

이 복음에서 예수님의 어머니에 대한 기억은 이 신학적 비유의 양극단에 위치한다. 그분은 카나에서의 대화를 통해 예수님의 중재자로 나타나시고[27] 이후에는 '사랑받는 제자'와 함께 예수님께서 숨을 거두시기 전 하실 마지막 말씀을 듣기 위해, 그분의 십자가 상 발치에 서 계신다(요한 19,25 참조).[28]

이 두 부분에서 성모님의 '중개자'로서의 역할[29]의 예형으로 볼

---

[27] 포도주가 다 떨어졌다고 알린 성모님께 예수님께서는 어찌 보면 냉정한 방식으로 답하신다("여인이시여, 저에게 무엇을 바라십니까? 아직 저의 때가 오지 않았습니다.", 요한 2,4). 하지만 성모님께서는 일꾼들에게 다음과 같이 말씀하신다. "무엇이든지 그가 시키는 대로 하여라."(요한 2,5) 그다음 상황이 중요하다. 예수님께서는 말씀하신 바와 달리 실제로는 표징을 보여 주신다. 얼핏 모순적으로 보이는 이 에피소드를 뒷받침하는 설화적 메커니즘을 이해하려면 이를 예수님 주권의 서막으로 바라봐야 한다. 여기서 언급된 '때'라는 개념보다는 성모님께서 건네신 권고에서 해석의 열쇠를 찾는 것이 바람직해 보인다. 만약 이 구절을 체계적인 담화인 요한 복음 16장 16-24절(특히 "내가 진실로 진실로 너희에게 말한다. 너희가 내 이름으로 아버지께 청하는 것은 무엇이든지 그분께서 너희에게 주실 것이다" 참조)과 연관 지어 해석한다면, 참된 제자의 예형과 그 가르침을 성모님의 행동에서 찾게 되기 때문이다.

[28] R. Schnackenburg, Il vangelo di Giovanni, 1, Brescia 1973, 464 참조. "요한 복음의 관점 안에서 예수님의 돌아가심은 …… 예수님께서 '영광스럽게 되시는' 시간이다."(요한 12,23.27.31-32; 13,31-32; 17,1-2 참조)

[29] 콘스탄티노플의 프로클로는 이에 대해 성모님을 "하느님과 사람 사이의 유일한 다리"라고 노래한다(찬가 39 참조).

수 있는 특별한 점이 있다. 실제로 카나의 혼인 잔치의 이야기[30]에서 포도주가 떨어졌음을 알아차린 분도 성모님이고(요한 2,3 참조), 예수님께서 말씀하신 그 '때'를 미리 바라보게 만든 분도 성모님이며[31], 예수님의 지시에 순종하고, 그를 믿고 따를 것을 이야기한 분 역시 성모님이기 때문이다.[32] 또한 그분은 십자가 발치에서 제자의 '어머니'가 되셨고,[33] 이에 제자는 그분을 '자기 집에 모셨다'(요한 19,25-27, 특히 27절 참조).

[이에 따라] **성모님 안에서** 요한 복음은 예수님의 주권이 처음 드러날 때, 종말론적 시기의 서광曙光에서, 그분의 가르침에 대한 첫 번째 중재자의 모습을 발견한다("무엇이든지 그가 시키는 대로 하여라"). 그에 따라 "예수님께서는 처음으로 갈릴래아 카나에서 표징을 일으키시어, 당신의 영광을 드러내셨다. 그리하여 제자들은 예

---

[30] "마지막 날의 기쁨을 표현하기 위해 구약에서 꾸준히 등장하는 이미지 중 하나는 바로 포도주가 충분한 상태이다. …… 이러한 상징을 통해, 카나의 기적은 제자들에게 메시아의 시대와 새로운 환경의 표징으로 이해되었다. 공관 복음에 나타나는 '새 포도주'에 관한 예수님의 말씀 또한 같은 방식으로 이해되었을 것이다."(R.E. Brown, *Giovanni*, Assisi 1979, 136 참조)

[31] 이 에피소드에 어떤 해석을 부여하든 예수님의 반응을 극복하며 그분께 요구하여 기적적인 개입을 이끌어 낸 분이 성모님이라는 사실에는 변함이 없다.

[32] 요한 복음서 2장 5절 참조. 특히 이는 요셉에게 왕실 권한이 위임되는 창세기 41장 55절을 연상시킨다.

[33] '이 의탁은 …… 계명의 성격을 지닌다. 이는 예수님께서 돌아가시기 전에 내리신 마지막 명령이며 유언의 성격을 지닌다.' K. Wengst, *Il vangelo di Giovanni*, Brescia 2005, 705 참조.

수님을 믿게"(요한 2,11) 되었다.

카나에서 미리 예견된 그 '때'가 실제로 다다랐을 때,[34] 성모님께 제자가 주어졌고 제자에게도 성모님이 주어졌다. "십자가 발치에서, 성모님은 그리스도인의 모델인 사랑받는 제자의 어머니가 되셨다. …… 성모님은 새 하와이자, 교회의 상징이신 것이다."[35]

결론적으로 요한 복음에서 그려진 '주님의 어머니'는 '그리스도론적 수단'의 의미를 넘어, 교회론적 성찰과 밀접히 연관된 주제가 되었다. 이 다양한 위치가 수반하는 변화는 성모님이 초기 그리스도교 공동체에서 지니고 있었던 인물상이 점차 독립적으로 발전했음을 강조한다.[36]

교회의 시작점에서의 성모님

성모님의 모습을 둘러싸고 있는 다음의 세 가지 요소는 성모님

---

[34] "성모님께서는 예수님께서 처음으로 아직 당신의 '때'가 이르지 않았다고 말씀하셨던 복음의 첫 부분에 등장하신다(요한 2,4). 그리고 그 '때'가 도래했을 때에도 성모님께서는 그곳에 현존하신다." Wengst, *Il vangelo di Giovanni*, 705 참조.

[35] Brown, *Giovanni*, 141-142.

[36] 이에 더하여, 십자가 곁에 계신 성모님이라는 주제는 제자와 어머니와의 관계에 관한 주제와는 별개로 모든 그리스도교 전통 안에서 널리 퍼지게 되었다(찬가 69~71 참조). 당시 신앙인은 예수님의 수난 신학이 가진 중요성을 인식하고, 거기에 현존하셨던 성모님의 모습에서 단순한 본보기로서의 고통이 아닌 '위력적 희생'을 보았으며, 이를 중요하게 여겼다.

에 대한 모든 담화의 중심적 특징과 이후의 발전상을 다음과 같이 나타낸다.

1. 바오로 서간과 마르코 복음: 나자렛 예수님의 어머니(역사적)
2. 마태오 복음과 루카 복음: 그리스도 신성의 예언적 표징(그리스도론적)
3. 요한 복음: 그리스도와 제자들 사이의 중재자(종말론적)

초기 그리스도교 전통 내에서 점차 꽃피운 이 세 가지 요소가[37] 신약 성경에서 그렇듯 후대에도 서로가 대치되는 것이 아니라 병행을 이루며 보존된다는 사실에 주목하자. 일례로 이미 **시빌라의 신탁**(찬가 5) 안에서 수태고지에 관하여 현대적 관점에 비견될 정도의 인상적인 표현을 본다. 바로 수태고지 이야기를 한 시대의 예외적 경우로 묘사하기보다는 소녀가 느꼈던 당혹감의 관점에서 재해석한 것이다.[38]

그럼에도 성모님의 모성에 대한 공경은 꾸준히 이루어져 이후의

---

[37] 여기에는 각 요소별로 다양한 암시적 의미가 있다. 앞서 언급했던 마르코 복음에서의 성모님과 마태오 복음, 루카 복음, 요한 복음에서 그린 성모님의 모습이 그러하다.

[38] 예언집Oracoli의 제8권에서 발췌. 이는 3세기 초에 편집된 것으로 추정된다.

초기 그리스도교 문헌에서 매우 널리 퍼지게 된다.[39]

동시에 그리스도론적 기준은 여전히 강력하게 중심을 잡는다. 마태오 복음과 루카 복음의 '성탄 복음'에 영감을 준 신학적 통찰은 초기 그리스도교 문헌 영역[40]뿐만 아니라 여러 공의회[41]에서 풍부한 발전을 이루게 된다. 이러한 발전은 성탄 이야기가 갖는 설화적 측면과 신학적 측면 모두에 이루어졌다. 이에 관하여 바실리오는 다음과 같이 요약하였다.

---

39 성모님의 모성母性과 예수님의 자성子性의 역사성은 오늘날의 감수성을 자극하는 주제다. 강력한 사상적(이데올로기적) 체제가 파괴된 문화, 두 번의 세계 대전을 통해, 또 이어지's '냉전'으로 인해 갈라진 문화는 더 이상 거대한 신학적 구조를 바탕으로 한 대화에 대한 관심을 잃어버렸고, 대신 다양한 종교적 현상이 과연 어떤 의미가 있는지, 그것들의 실존적 의미가 과연 무엇인지 질문을 던졌다. 그리스도교에 비추어 봤을 때, 이러한 경향은 구원 행위에 있어 인간의 행동이 지닌 초월적 의미에 맞추어졌으며, 이는 나자렛의 성모님에게도 적용되었다. 이로부터 인간적 측면만으로도 존경받는 나자렛의 한 여인에 대한 드높은 칭송이 나타났다(라이너 마리아 릴케, 성모 영보의 도입부 참조. 슬퍼하는 천사가 성모님께 이렇게 인사한다. "당신께선 하느님보다 / 저희에게 더 가까이 계시지 않나요 / 저희는 모두 / 멀리 떨어져 있습니다 / 하지만 당신께서는 / 놀랍고도 복된 손이 있으십니다/ ……저는 낮 동안의 이슬에 불과하지만 / 당신은 심어진 수목이세요). 동시에 불행히도 그분에 대한 신학이 빛을 잃고 냉소적으로 받아들여지기도 했다(막스 에른스트의 '세 증인 앞에서 아기 예수를 때리는 동정녀La Vergine sculaccia il bambino Gesù davanti a tre testimoni' André Breton, Paul Eluard e lo stesso artista, 1926, Museo Ludwig, Colonia 참조).

40 야고보의 원복음(혹은 성모의 탄생) 참조. 이 복음은 다음과 같은 세 가지 주제로 이루어졌다. 1. 마리아의 유아기, 2. (요셉이 이야기하는) 탄생 이야기, 3. 무죄한 어린이들의 순교와 즈카리야의 순교 이야기.

41 431년 에페소 공의회(성모님을 '하느님의 어머니'라 선포함), 553년 제2차 콘스탄티노플 공의회(성모님의 동정 잉태뿐만 아니라 그 이후에도 지속되는 동정을 인준)를 말한다. 이 두 가지 경우 성모님에 관한 선언은 그리스도론적 주장의 재확인을 위해 수반되기도 하였다.

> 사람아, 하느님께서 육신 안에 오셨음을 알아라
> 이 육화를 담아낼 수 있는 곳이 과연 어디인가?
> 바로 거룩하신 동정녀의 육신이로다
> ……우리 축제에 하느님 현현의 이름을 지어 부르세(찬가 7)

그러나 가장 성공적으로 자리 잡은 요소는 교회론적 요소일 것이다. 이 요소는 사도행전에서 매우 선명히 드러나 있다.

"성안에 들어간 그들은 자기들이 묵고 있던 위층 방으로 올라갔다. 그들은 베드로와 요한과 야고보와 안드레아, 필립보와 토마스, 바르톨로메오와 마태오, 알패오의 아들 야고보와 열혈당원 시몬과 야고보의 아들 유다였다. 그들은 모두, 여러 여자와 예수님의 어머니 마리아와 그분의 형제들과 함께 한마음으로 기도에 전념하였다."(사도 1,13-14)

이 공동체는 "오순절이 되었을 때" "불꽃 모양의 혀들이 나타나"(사도 2,1.3) 내려앉은 이들이었다. 신약 성경에서 성모님의 이름이 마지막으로 언급되는 것이 바로 이 성령 강림의 순간이며, 이 순간 교회는 성령의 은사가 내리며 진정한 축성을 받게 된다.

사도행전이 쓰였던 이때와 가까운 시기에 요한 묵시록의 저자가 '해를 입은 여인'(묵시 12,1-6), "하느님과 인류 전체 사이의 통고가 동반된 관계의 상징"[42]이라는 유명한 이미지를 담은 것은 우연이 아니다. 이러한 이미지들은 신약 성경에 나타나는, 나자렛의 성모님이 갖는 상징적 이미지이다.

성모님을 찬미하기 시작하다

초기 교회는 성직 체계, 정치적 상황, 교리적 문제, 시대적 환경에 있어 매우 역동적 움직임이 존재했던 시기였다. 많은 사람은 이때를 신학적 사상과 논쟁이 격렬했던 시기로 특징짓곤 한다. 여기에서 마리아론은 사실 설 자리가 크게 없어 보였다. 물론 논쟁이 이루어지기도 했지만 어디까지나 부분적이었다. 아무리 합리적이고 공감을 얻을 만한 신학적 사상이라 할지라도 강제적으로 그리스도교적 공동체에 주입될 수는 없었다. 어떤 특정한 교회적, 정치적, 경제적 권력자의 지원만으로는 이러한 사상이 널리 퍼질 수는 없는 법이다. 무엇보다도, 이것이 결정적인 신앙의 유산으로 자리 잡기 위해서는 최소한 전례적 '기념'이 필요했다. "[사실] 초창기 교회에 있어 성모님을 특별히 독자적으로 기리는 전례가 자리를 갖추고 있지 못했고 …… 다만 그리스도 신비의 거행 안에서

---

[42] E. Corsini, *Apocalisse prima e dopo*, Torino 1980, 323.

그분을 기억하였다. 더 나아가, 하느님의 어머니 축일이 제정될 당시에도, 이는 어디까지나 구원 역사를 상기시키기 위한 것이라는 인식이 강했다."[43]

그 이후 전례 안에서 동정 성모님을 특별히 기념하는 단계로 넘어간 것은 중세 시기였다. 이 시기에는 축일이 기하급수적으로 늘어나 상대적으로 무게감이 없었다. 이에 대해 역사비평적인 성경적 관점보다 개인의 주관적 목소리가 힘을 받기도 했다. 이 시기 성모님의 '특권'과 그분의 '은총의 중재자'로서의 특별한 역할은 마리아론의 확고한 근거가 되었고, 이에 미사와 시간 전례에서 그분의 개별 덕목을 기념하는 양식이 형성되었다. 더불어 여러 발현과 계시가 인준되었으며 그분에 대한 특별 신심도 허용되었다. 이처럼 새롭게 제정된 축일은 체계적 신학보다 신심이 더욱 우선되는 경우가 많았다.[44]

다닐로 사르토Danilo Sartor는 성모님이라는 인물을 받아들임에 있어서 역사적인 세 번째 단계를 '피에타스pietas'(신앙심 혹은 경건)의

---

43 D.M. Sartor, *Le feste della Madonna. Note storiche e liturgiche per una celebrazione partecipata*, Bologna 1987, 38.
44 같은 곳, 38-39.

대상으로서 그분을 받아들인 단계라고 본다.[45] 만일 전례를 통해 성모님에 관한 성찰을 자체적으로 꽃피울 수 있었다면, '주님의 어머니'와 '그분이 사랑하셨던 제자'는 개별적인 차원을 넘어서 특별한 신심과 경건의 탁월한 대상자가 되었을 것이다.

동방교회에서의 성모님 찬가

동방교회의 경우,[46] 성모님께 드리는 기도는 그분에게 봉헌된 축일을 통해 태어나고 발전하였다. 에페소 공의회 이전 시기에는 성모님을 두 번의 그리스도 축일 안에서, 곧 주님 성탄 대축일(12월 25일)과 주님 봉헌 축일(2월 2일)에서 발견할 수 있다. 4세기 후반부에서 5세기 초반에 발표된, 성탄 전례 주기에 관한 강론들은 성모님의 동정 모성을 중심으로 한 독자적 축일을 제정하고자 했음을 추측하게 하며, 이는 비잔틴 교회에서 12월 26일 지극히 거룩하신 하느님의 어머니 기념 축일을 거행한 것에서 실현되었음을 알 수 있다.

431년 에페소 공의회에서 네스토리우스 이단을 단죄하고 거룩하신 하느님의 어머니(테오토코스Theotókos) 교리를 수호했던 것은

45　'결론적 고찰과 전망' 참조.
46　이 부분에 관해서는 제오르제스 가리브가 작성한 정보를 대부분 참조하였다.

성모님에 관한 전례에 결정적 역할을 하였다. 예루살렘, 베들레헴, 나자렛에서 성모님 생애의 주요 사건들을 기념하기 위한 교회가 설립되고, 이후에 여러 축일이 제정되었다.

6세기

- 복되신 동정 마리아 탄생 축일(9월 8일)
- 복되신 동정 마리아의 자헌 기념일(11월 21일)
- 주님 탄생 예고 대축일(3월 25일)
- 성모 승천 대축일(8월 15일)

(성금요일 때의 성모님의 통고의 주제 또한 이 시기에 고정된 것으로 보인다.)

7세기

- 안나의 마리아 잉태 축일(12월 9일)

(이는 서방교회의 12월 8일 원죄 없이 잉태되신 복되신 동정 마리아 대축일로 자리 잡았다.)

- 아카티스토 Acátisto 축일(사순 시기의 다섯 번째 토요일)

8세기

- 옛 콘스탄티노플의 북서부 지역 블라헤르네 Blacherne 성당(현재의

이스탄불 지역)에 성모님의 옷이 안치됨(7월 2일)
- 매주 수요일에 이루어졌던 성모님 기념

이후 성모님을 기리는 축일에 큰 변화는 없었지만 성모님의 발현 혹은 성모님께서 메시지를 주신 특별한 사건들, 그에 관련된 이콘을 기념하는 시기가 추가되었다. 이러한 가운데 점차 성모님은 전례뿐만 아니라 그리스도교 저술가들과 학자들의 교리문에서도 중요한 위치를 차지하게 되었다.

동방교회의 경우 성모님과 관련된 유산이 풍부히 내려오고 있다. 필사본 형태로 된 문헌들 중엔 4세기에서 9세기까지의 오래된 강론도 있는데, 주로 주교들과 고위 수도자들이 전례 중에 읽은 것으로 보인다. 시간이 지날수록 강론의 작성과 낭독은 더욱 보편화되었고,[47] 주교나 사제, 수도자뿐만 아니라 소양 있는 평신도들이 강론을 작성하기도 하였다. 당시 이러한 평신도들은 상당한 수였는데, 이 중에는 비잔틴 제국의 황제들도 포함되어 있었다.

이러한 저자들 중 상당수는 찬가도 지었는데, 이 찬가들은 비잔

---

[47] 이 중 주목할 만한 저술가로는 대大바실리오(†378), 알렉산드리아의 아타나시오(†373), 니사의 그레고리오(†395), 요한 크리소스토모(†407), 알렉산드리아의 치릴로(†444), 콘스탄티노플의 프로클로(†446), 예루살렘의 크리시포(†479), 에페소의 아브라함(†550 이후), 안티오키아의 아나스타시오(†559), 예루살렘의 소프로니오(†638), 크레타의 안드레아(†880) 등이 있다.

틴 전례 거행에 큰 영향을 주어 전례서의 약 4분의 3을 찬가로 구성할 정도였다. 초기에 이러한 찬가들은 첫 소절과 뒤에 따라오는 시편 사이에 회중이 노래할 수 있도록 짧게 구성된 형태가 유일했으나, 시간이 지남에 따라 점차 길어지고, 수가 늘어났으며 시간 전례 안에도 각자의 전례 시기에 알맞게 이름을 갖추어 자리 잡게 되었다. 비잔틴 멜로디는 당시의 고대 음악의 리듬 체계를 사용하지 않고 더욱 단순한 자신만의 체계를 고안하게 되었다. 이러한 체계는 악센트omotonía와 음절의 수isosillabía에 기반한 것으로, 군중이 보다 쉽게 전례서를 노래할 수 있도록 하기 위함이었다.

성모 마리아께서 찬가에서 차지하는 위치는 실로 매우 크다. 그분에게 바쳐진 축일의 찬가뿐만 아니라, 그리스도와 성인들을 기리는 찬가에서도 그러하다.

그리스 교회에서 성모님을 기리는 찬가는 그리스 교회의 공식 전례서에서 비롯된다. 예컨대 정시에 바치는 고정된 시간경을 담은 '호롤로기온Horologion' 그리고 성주간과 사순 시기와 관련된 전례서인 '트리오돈Triodon', 부활 시기의 시간 전례문을 모은 '펜테코스타리온Pentecostarion', 마지막으로 성인들의 축일 시간 전례문을 모은 열두 권의 '미네아Minea'에서 유래된다.

서방교회에서의 성모님 찬가

동방교회의 경우와 마찬가지로, 서방 로마 교회에서도 에페소 공의회 이후로 성모님께 헌정하는 전례가 시작되었다. 이러한 역사적 흐름 가운데 시스토 3세 교황(432~440년)은 로마 에스퀼리노 언덕의 성모님께 봉헌된 첫 대성당을 축성하였다. 이 성당이 산타 마리아 마조레 성당Santa Maria Maggiore이다. 로마 교회의 성모님 첫 축일은 성모님의 탄생을 기리는 천주의 성모 마리아 대축일이었다(1월 1일). 하지만 이 축일은 성탄 팔부축제 기간과 겹쳤고, 이 축일이 지닌 참회적 성격은 야누스 황제를 기리는 축제 기간의 분위기와 맞물리면서 점차 축소되었다.[48] 이후 7세기와 14세기 사이에 로마 교회에서는 성모님의 주요 축일 네 가지를 다음과 같이 제정하였다.

- 주님 봉헌 축일[49] 혹은 성모님의 정화 축일[50] (2월 2일)

---

48 Sartor, *Le feste della Madonna*, 40 참조.

49 이 축일에 관한 첫 증언은 순례자 에게리아로 거슬러 올라간다. *Egeria, Diario di viaggio*, E. Giannarelli [편저], Milano 1992 (Letturecristiane del primo millennio 13), 222, 각주 1 참조.

50 성탄절 40일 이후 거행되는 이 축일은(루카 2,22-24, 특히 22절 참조. "모세의 율법에 따라 정결례를 거행할 날이 되자, 그들은 아기를 예루살렘으로 데리고 올라가 주님께 바쳤다."), 출산한 여인의 부정한 기간이 끝나게 되는 날이기도 하다(레위 12,2-4 참조). 이 축일이 두 가지 명칭을 가진 이유도 이 때문이다.

- 주님 탄생 예고 대축일(3월 25일)
- 성모 승천 대축일(8월 15일)[51]
- 동정 마리아 탄생 축일(9월 8일)[52]

세르지오 교황(687~701년)은 동방교회에서 바라보는 성모님의 특별함을 존중하여,[53] 안티오키아 전승에 따라 성모님에 관한 전승을 더욱 성숙하게 발전시켰다. 그는 성 아드리아노 성당에서부터 산타 마리아 마조레 성당까지 이르는 장엄한 참회 행렬을 앞에 언급된 축일에 거행하였는데, 각각의 행렬들이 찬란한 유기적 관계를 형성하게 함으로써 더욱 큰 의미를 지니게 하였다.[54]

서방 라틴 전례의 성모님 찬가는 발전 속도가 상대적으로 더뎠

---

51 *Liber Pontificalis* 86, 14 참조. 이 축일에 관해서는, A. Gila, *Le più antiche testimonianze letterarie sulla morte e glorificazione della Madre di Dio. I racconti sul Transito di Maria tra fede e teologia*, Padova 2010에 수록된 모음집 참조.

52 Sartor, *Le feste della Madonna*, 40-41 참조. "직접적으로 주님을 지칭하는 주님 봉헌 축일과 주님 탄생 예고 대축일과 달리, 이러한 축일 중 두 가지만이(성모 탄생과 성모 승천) 성모님을 직접 칭하고 있음을 주목하라."

53 '라벤나의 두루마리'에서 세르지오의 편지가 발견된 것은 우연이 아닐 것이다(찬가 23~28 참조). 그는 서방교회에서 성모님과 관련된 전례를 체계화하는 데 큰 업적을 세웠고, 이 문서에서 나타나는 성모님 찬가의 시편집은 서방교회의 유산 중 매우 선구적이고 빼어나다. 라벤나 전승과 세르지오의 안티오키아 기원은 동방 그리스도교회의 전승과 깊은 관계가 있다.

54 Sartor, *Le feste della Madonna*, 41 참조.

다. 전례에 수용되는 것이 소극적이었기 때문이다. 하지만 동방 전승으로부터 자극을 받아 성모님에 관한 여러 주제와 기도문이 수용되기도 하였다.

서방교회 찬가의 탄생은 푸아티에의 힐라리오의 업적으로 알려져 있다.[55] 하지만 안타깝게도 힐라리오의 찬가는 운율이 복잡하여 노래 부르기에 적합하지 않았다. 사실 그의 찬가가 수용되지 못한 근본적인 이유는 성모님에 대한 성찰이 아직 부차적인 주제로 머물러 있었기 때문이었다. 적어도 당시의 마리아론은 힐라리오가 선포한 그리스도론적 고양에 근거를 제공하는 신학적 기능의 측면에 머물러 있었던 것으로 보인다(찬가 4 참조).[56]

밀라노의 암브로시오 성인은 서방교회에서 찬가가 효과적인 전례의 형식으로 자리 잡는 데 큰 기여를 하였다. 이 암브로시오 성인의 마리아론에 영향을 받은 '찬가'들 역시 그리스도론적 관점 안

---

55 S. Ambrogio, *Inni*, A. Bonato [편저], Milano 1992 (Letture cristiane del primo millennio 12), 31 참조. "물론 서방교회에서 그리스도교 시편의 기원을 우리에게 전해 준 첫 인물은 테르툴리아노였다(*La preghiera* 27; *Gli spettacoli* 29,4; *Apologetico* 39,18; *A sua moglie* 2,8,8). …… 이 아프리카 출신의 저술가는 그리스도교 공동체에서 전례적으로 사용하기 위한 찬가가 창작되었음을 증언한다." 다만 이는 어디까지나 자발적으로 만든 작품이었고, 실제로 노래하던 창작품이 없음에도 문서화되지 않아 전승되지 않는다(*Gli spettacoli* 29,4).

56 이는 역사적 사실을 감안한 것이다. 성모님께서는 예수님의 어머니시다. 이에 관련하여 힐라리오의 의견을 주목할 필요가 있다. 그는 예수님께서 "한 어머니가 아이를 낳을 때 자녀에게 줄 수 있는 모든 것을 동정녀에게서 받으셨다."라고 이야기한다(*Sulla Trinità* 10,15).

에서 성모님을 찬미하곤 했다.

'동정녀께 태어나신 분을 보여 주소서, 모든 세대가 그분을 기릴 수 있도록! 이러한 신비로운 탄생은 그분에게만 합당할진저'(찬가 15 참조)

비록 초기 단계는 동방교회의 발전에 비해 덜 화려했으나, 서방 교회의 성모님 찬가는 계속 증가하여 종교 시의 장이 될 뿐만 아니라 세속적인 연애 시의 요람이 될 정도로 발전하였다. 이처럼 동정 성모님을 향한 찬가와 기도는 사랑받는 그분을 들어 높일 뿐만 아니라 그분에 대한 헌신을 보여 주는 하나의 캔버스가 되었다. 성모님 찬가는 신학적 현실 가운데 있는 신앙으로부터 한 사람과 여인 사이에 이루어지는 인간적 사랑의 경험으로 옮아가며 서방 문학 문화의 중심에 서게 되었다.

결론적 고찰과 전망

성모님이 시대에 따라 어떻게 전승되었는지 다음의 세 단계로 요약할 수 있다.

1. 신약 성경의 시기(1-2세기)

그리스도교적 마리아론으로 불릴 수 있는 기초가 정립된 시기 (예수님의 어머니, 그리스도 잉태 가운데 드러나는 예언적 표징, 제자들[교회]

과 스승 사이의 매개자)

2. 성모님의 '전례적' 수용과 신학적 고찰(2세기 이후)의 시기

이러한 성모님의 형상이 부상함에 따라, 그에 따른 관심이 커지고 발전이 이루어졌다. 이때 특징적인 요소는 단순한 기억에서 전례 안에서의 '기념'으로, 단편적 정의에서 '신학적 고찰'로의 발전이다.

3. 본격적인 신심pietas의 대상으로서의 발전

이 시기 교회에서 활발히 기념하고 또 신학자들이 그리기 시작한 동정 성모님의 모습은 샤르트르의 풀베르토가 그린 '하느님 백성을 위해 한결같이 애쓰시는 중재자'(찬가 96 참조)로서 신앙인들의 특별한 대화자가 되신다.

이처럼 나자렛의 성모님이라는 주제는 그리스도교 사상이 흘러온 역사를 전체적으로 이해하는 데도 큰 도움을 준다. 개혁주의와 그에 대한 저항의 시기까지의 수 세기 동안, '주님의 어머니'께서는 신학자와 교회론자들의 논쟁에서 한 걸음 떨어진 곳에서, 과거의 실천보다는 역사가들의 성찰에 나타나는 사상적 '혁명' 그리고 학적 논쟁의 장에서 물러난, 겸손한 신앙의 특권적인 장소로 남아 계셨다.

이렇듯 성모님께서는 오랜 기간 '하느님의 백성'을 이끄시고 지

탱하는 조력자가 되셨다.[57] 물론 '당신의 백성'(성부, 성자, 그리고 성모님에 이르는 교회와의 관계에 대한 시각의 역사적 흐름을 살펴보는 것은 매우 흥미로운 일이다)과 '영광스러운 온 세상의 여왕' 사이의 관계가 자발적으로 발전되었으며, 많은 논쟁 가운데에서도 유일한 이 세상의 어머니라는 특징적인 형태와 자유의 여지가 보존되었다는 점, 이것이 오늘날에도 우리에게 명확한 형태로 드러난다는 사실은 매우 신비롭다.

가브리엘레 펠리자리Gabriele Pelizzari

---

[57] 이와 관련하여 성모님의 존재가 가톨릭 교회와 그 신학의 지나친 다변화를 막는 역할을 했는지 생각해 볼 필요가 있다. 예컨대 그 누구보다도 정통 교리를 수호하는 데에 열정적이었던 알렉산드리아의 치릴로는 성모님을 "정통 신앙의 왕홀"이라고 칭하였다(찬가 37 참조).

차례

서문 5

성모님께 바치는 찬가들

찬가 1	마니피캇	51
찬가 2	솔로몬의 송시	54
찬가 3	로마의 히폴리토	56
찬가 4	푸아티에의 힐라리오	59
찬가 5	시빌라의 신탁	63
찬가 6	알렉산드리아의 아타나시오	67
찬가 7~8	카이사리아의 바실리오	70
찬가 9~10	니사의 그레고리오	74

찬가 11~12	시리아의 에프렘	82
찬가 13~14	비잔틴 전례에서	87
찬가 15	밀라노의 암브로시오, 암브로시오 전례 시편	90
찬가 16	스트리돈의 예로니모	94
찬가 17~19	히포의 아우구스티노	97
찬가 20~21	토리의 막시모	101
찬가 22	프루덴시오	104
찬가 23~28	라벤나의 두루마리	107
찬가 29~34	서고트족의 성찬 화답 기도	112
찬가 35	모사라베 전례	118
찬가 36	놀라의 파올리노	121
찬가 37	알렉산드리아의 치릴로	124
찬가 38	앙카라의 테오도토	128
찬가 39~40	콘스탄티노플의 프로클로	131
찬가 41	아카티스토(비잔틴 교회의 사순 시편)	136
찬가 42~47	작가 미상의 찬가	143
찬가 48	예루살렘의 헤시키우스	148
찬가 49~50	세둘리우스	151
찬가 51~52	베드로 크리솔로고	156

찬가 53	셀레우키아의 바실리오	160
찬가 54	발라이	162
찬가 55~56	엘레우테리오	164
찬가 57	사루그의 야고보	168
찬가 58~59	성모 승천 대축일 찬가	171
찬가 60	6세기경 익명의 저자	174
찬가 61	갈리아 전례	177
찬가 62	리비아의 테오테크노	180
찬가 63	위-아타나시오	182
찬가 64	예루살렘의 총대주교 모데스투스	186
찬가 65	예루살렘의 소프로니오	190
찬가 66	콘스탄티노플의 세르지오	193
찬가 67	아나톨리오	196
찬가 68	7세기경 작자 미상의 찬가	198
찬가 69~71	성모님의 애가	200
찬가 72-73	일데폰소	210
찬가 74~75	콘스탄티노플의 제르마노	214
찬가 76~77	크레타의 안드레아	220
찬가 78~81	다마스쿠스의 요한	225

찬가 82	에티오피아의 아나포라	232
찬가 83~84	콥트교회의 성모 성월 찬가	235
찬가 85	테오도로 스투디타	244
찬가 86	요셉 스투디타	246
찬가 87~88	상흔의 테오파네	248
찬가 89	찬가 작가 요셉	251
찬가 90	니코메디아의 제오르지오	254
찬가 91~92	그리스 교회에서의 성모님을 향한 기원 시간 전례	258
찬가 93	아르고스의 베드로	261
찬가 94~95	10세기 작자 미상의 기도문	264
찬가 96	샤르트르의 풀베르토	270
찬가 97	아베 마리스 스텔라	272

역자 후기 275

부록
용어 해설   279
참고 문헌   291
주제 색인   292
출처   293

성모님께 바치는 찬가들

마니피캇

찬가 1

내 영혼이 주님을 찬송하고

내 마음이 나의 구원자 하느님 안에서 기뻐 뛰니

그분께서 당신 종의 비천함을 굽어보셨기 때문입니다.

이제부터 과연 모든 세대가 나를 행복하다 하리니

전능하신 분께서 나에게 큰일을 하셨기 때문입니다.

그분의 이름은 거룩하고

그분의 자비는 대대로

당신을 경외하는 이들에게 미칩니다.

그분께서는 당신 팔로 권능을 떨치시어

마음속 생각이 교만한 자들을 흩으셨습니다.

통치자들을 왕좌에서 끌어내리시고

비천한 이들을 들어 높이셨으며

굶주린 이들을 좋은 것으로 배불리시고

부유한 자들을 빈손으로 내치셨습니다.

당신의 자비를 기억하시어

당신 종 이스라엘을 거두어 주셨으니

우리 조상들에게 말씀하신 대로

그 자비가 아브라함과 그 후손에게 영원히 미칠 것입니다.

(루카 1,46-55)

마니피캇(혹은 하느님의 어머니Theotókos의 송시, 루카 1,46-55 참조)과 즈카리야의 노래(루카 1,67-79), '대영광송'의 도입부인 천사들의 영광송(루카 2,13-14), 시메온의 노래(루카 2,29-32)는 초기부터 성경 송시의 일부를 구성하고 있었다. 이는 시편들과 더불어 다양한 교회의 일상 기도를 구성하고 있었고, 오늘날에도 시간 전례와 미사 전례의 한 부분을 구성하고 있다(아침 기도에서의 즈카르야의 노래, 저녁 기도에서의 마니피캇, 끝기도에서의 시메온의 노래, 미사에서의 대영광송). 이러한 기도문들은 교회의 전례 생활에 있어 매우 중요한 위치를 차지하였기 때문에, 이후의 수 세기의 교회 역사에서 메갈리나리아Megalinaria* 찬가의 작곡에도 큰 영감을 주었다.

이 찬가는 그 무엇보다도 가장 흥미로운 노래다. '바오로의 찬가'(필리 2,6-11; 에페 1,3-10; 콜로 1,3a.12-20)와 마찬가지로 마니피캇은 (루카 1,48-49을 제외한 부분이었을 것이다) 초기 그리스도인에게 사랑받는 기도문이었을 것이다. 더불어 이 노래 안에서 우리는 초기 문헌에 깊이 뿌리 박힌 특징을 발견할 수 있는데, 바로 유다-그리스도교적 내용이 함께 드러난다는 것이다. 여기에서 루카 복음사가의 선택을 주목할 만하다. 이 찬가가 성모님께 결부된다는 점은 의미심장한데, 이러한 방식으로 성경 전통과 기도하는 초기 그리스도인 공동체가 잘 결합된다.

솔로몬의 송시

찬가 2

동정녀의 태가 그분을 잉태하여 낳으셨도다
그분은 크나큰 호의로 동정이신 어머니가 되셨으니
잉태하시어 고통 없이 아들을 낳으셨도다
귀감 안에서, 그분을 낳으시고
큰 힘으로, 그분을 소유하셨으며
구원 안에서, 그분을 사랑하옵시고
감미로움으로, 그분을 지키시며
위대함으로, 그분을 드러내셨도다
알렐루야!

1905년에 렌델 해리스Rendel Harris가 발견한 찬가로서 그리스 기원을 가진 시리아어 필사본으로 전해진다. 총 42편으로 구성된 이 시편은 솔로몬의 작품으로 알려져 있다. 어떤 이들은 이미 수집된 유다교 작품이 여러 차례 그리스도교적 색채로 편집되고 내용이 추가됨으로써 유다이즘으로부터 발전된 영지주의*에 이르기까지 신학적으로 다양한 모습을 취하게 되었다고 본다. 다른 이들은 이 저작 모두를 그리스도교 환경에서 발생한 것으로, 영지주의적 관점에서 재작업한 유다-그리스도교 작품집으로 본다.

특히 이 솔로몬의 송시 제19편의 6~11절은 예수님의 인간적 족보를 서술하는데, 이를 후대에 추가된 부분으로 보기도 한다. 하지만 그렇게 보기에는 1~5절과의 조화가 너무나 뚜렷한 것도 사실이다. 이 두 부분은 그리스도의 두 가지 탄생, 즉 영적 탄생와 지상적 탄생의 조화를 드러내고 있기 때문이다. 이 송시의 어조는 다소 영지주의적인 것이 사실이나, 4세기 초 락탄티우스Lattanzio가 《신성한 제도에 관하여*Divine Istituzioni*》라는 자신의 작품에서 이 송시의 6절 부분을 인용하며 솔로몬의 저작으로 부여하기도 한 것을 보면, 상당한 영향을 끼쳤음을 알 수 있다.

로마의 히폴리토

찬가 3

오 하느님, 당신께 감사하나이다

때가 이르자

사랑하시는 당신의 아드님, 예수 그리스도를

저희의 구세주로

저희의 구원자로

당신 계획을 드러내신 분으로 보내 주심에

그분께선 나뉠 수 없는 당신의 말씀이시며

당신께선 그분을 통해 세상을 창조하셨고

그분 안에서 당신 호의를 간직하셨나이다

당신께선 그분을 하늘로부터
동정녀의 태로 내리셨나이다
그분께선 여인의 태 안에서 잉태되시어
육신을 취하시어
성령과 동정녀로부터 태어난
당신의 아들로 드러나셨나이다

히폴리토는 3세기 초 로마에 살았던 인물이다. 그리스 중부 지역 출신인 그는 설교 직분을 가졌던 성직자였으며, 이단과의 투쟁에서 남다른 열의를 보였다. 그의 학문적 배경과 극도로 엄격한 성향으로 인해 작지만 영향력 있는 신자 공동체의 지도자가 되었고, 당시 갈리스토 2세 교황을 방만하다는 명목으로 비판하기도 하였다. 또 자신의 공동체에서 주교로 임명되어 로마 교회에서 중복된 교권 시기를 도래시키기도 하였다.

갈리스토의 후임자들인 우르바노와 폰시아노도 균열이 계속되었으나, 이 둘은 막시미누스 트락스 황제에 의해 사르데냐의 트라체로 유배되었을 때 화해하였고, 전승에 의하면 히폴리토와 폰시아노 역시 서로 화해한 뒤 순교자로 세상을 떠났다고 한다.

로마의 히폴리토의 주요 저작은 《사도 전승*Tradizione apostolica*》으로, 다양한 그리스도교 전례* 예식의 형태와 규정을 담은 초기 예식이 담겨 있다.

푸아티에의 힐라리오

>>> 찬가 4

당신의 그토록 위대하고 사랑 가득한 헌신에

어떻게 보답할 수 있겠나이까

하느님의 외아들, 형언할 수 없는 신적 근원을 지니신

유일한 분이시여

거룩한 동정녀의 태 안에 임하시어

인간의 옷을 입고 자라셨나이다

모든 것을 담고 계신 분,

당신으로 말미암아, 당신 안에서 모든 것을 보존하는 분께서

인간의 순리에 따라 태어나셨으니

그분 앞에서 대천사와 모든 천사의 목소리가 떨리고
하늘과 땅, 이 세상의 모든 요소가 녹아내리니
감히 뵈올 수 없는 분
우리네 현실로는 담아낼 수 없는 분
우리가 뵈올 수도,
느낄 수도, 만질 수도 없는 그분께서
포대기에 감싸인 채
작은 요람에 계시도다

이를 관상하는 이는,
하느님 앞에서 감히 합당치 못함에도
그만큼 사랑받음을 느낄지니
바로 이것이 그분의 위대함과는
신비로이 대치되기 때문이라네

그로 인해 인간으로 창조된 분께서는
인간이 되실 필요가 전연 없었으나
우리에게는 그분이 우리처럼 되시어
우리 안에 사셔야 했도다

그분께서 인간의 본성을 취하시어

우리 모두 안에서 지내셔야 했도다

그분의 자기 낮춤은 우리의 영광

그분의 내려오심은 우리의 영예로다

하느님의 육화로

우리는 하느님 안에서 다시 태어났도다

  이 찬가의 저자인 힐라리오는 프랑스의 푸아티에에 있던 이교도 가문에서 태어나 양질의 문학 교육을 받았다. 늦은 나이에 세례를 받았고, 혼인한 몸이었지만 350년경에 고향 푸아티에 교구의 주교로 서임되었다. 그는 아리우스* 이단에 강력히 맞섰기에 콘스탄티누스 황제의 미움을 샀고, 356년에 소아시아의 프리기아Frigia로 유배를 가야 했다. 힐라리오는 이때부터 동방교회의 학자들과 교류하며 그들의 교리 논문을 연구하고, 신학 투쟁을 계속했다. 프랑스로 돌아와 주교좌에 앉은 이후에도 그는 계속해서 아리우스 이단에 대항하여 '아리우스 이단의 망치'라는 별명을 얻게 되었다.

  그의 작품은 이러한 삶을 산 그의 성찰을 깊이 있게 드러내며, 그의 신앙과 이성이 절묘하게 혼재되어 있다. 이는 본래 그리스어로 쓰인 논고를 라틴어로 설명하는 어려움을 생각하면 더욱 놀라운 것이다. 그는 첫 라틴 찬가 저자로 알려져 있으며, 그의 작품에서 성모님은 아직 예수님의 그리스도론적 전례를 위한 도구적 성격이 부여되고 있었음을 예상할 수 있다.

시빌라의 신탁

찬가 5

하늘에서 내려오시어

이 땅의 형상으로 갈아입으셨네

가브리엘에게 당신의 지극히 순결한 육신을

처음 드러내셨네

이에 대천사는

어린 여인에게 이렇게 말했다네

"동정녀여, 그대의 티 없는 태에

하느님을 맞이하여라"

이 말이 끝나자 하느님께서 그녀에게 은총을 내리시어

한평생 동정으로 남게 되었네
그녀는 이 이야기를 듣는 동안
두려움과 놀라움에 사로잡혔네
떨리는 몸을 가눌 뿐 움직일 수 없었다네
그녀가 들은 이 신비로운 말로 인해
그녀의 영혼은 마치 길을 잃은 듯했고
가슴 또한 크게 뛰었네
하지만 그녀는 이내 기쁨을 되찾았고
아이처럼 웃게 되었네
기쁨에 가득 차 볼이 붉게 물든 그녀의 마음은
감미로운 수줍음에 사로잡혔네
이윽고 그녀는 용기를 되찾고
말씀께서 그녀의 태 안에 내리시게 되었네

차차 육신을 갖추고
태 안에서 숨을 취하시어
유한한 인간의 옷으로 갈아입으시고
아기가 되셔서 영원한 동정 가운데 태어나셨네
이는 사람들에겐 하염없이 놀라운 일이오나

하느님 아버지 당신께는
그리고 하느님이신 그분의 아드님께는
놀라울 일이 없도다

이 소박한 탄생 앞에서
땅은 기쁨으로 나래를 폈고
하늘의 어좌는 미소를 지었으며
온 세상은 용약하였도다
이때 나타난 신비로운 별은
동방박사들의 찬미를 받았으며
포대기에 감싸인 아기는 구유 안에서
하느님을 찾는 이들에게
목동들과 양을 치는 이들에게 드러나게 되었네
베들레헴은 하느님의 뜻에 따라
말씀의 고향으로 불리게 되었도다

이른바 '시빌라의 신탁'은 본래 2세기 혹은 3세기의 작품으로 추정되는, 희랍 시편집에 속한 14권의 교리 시집에서 유래되었다(이 작품은 유다교와 그리스도교적 요소를 모두 포함하고 있으며, 오직 12권이 전해져 내려오고, 9권과 10권은 소실되었다). 11권~14권은 1817년에 고문서학자이자 저명한 인문학자이기도 했던 안젤로 마이Angelo Mai 추기경에 의해 발견되었다.

8권은 마르쿠스 아우렐리우스 황제 시기(165~180년)와 3세기 사이의 것으로 보이는데, 결론부에는 성모 영보 이야기를 다룬 인상적인 시가 담겨 있기도 하다. 전체 '신탁집'에서 가장 유명한 이 책은 유다-그리스도교 색채가 공존한 흔적이 가장 강하게 묻어나 있다. 이 작품에서 성모님께서 자신의 온전한 인간적 면모를 지니신 가운데 천사와의 대화 안에 주체적으로 들어오시는 모습이 담긴 것은 놀라운 일이다. 이른 시기에 저술되었음을 고려한다면 성모님에 관한 이러한 견해는 당시 고대 사회에서는 인정받지 못했던 매우 현대적인 접근 방식이라고 할 수 있다.

알렉산드리아의 아타나시오

찬가 6

오, 동정녀시여, 당신의 영광은 모든 창조물보다 더 뛰어나시나이다

오, 말씀이신 하느님의 모친이시여

당신의 숭고함에 비견할 수 있는 것이 무엇이오리까

오, 동정녀시여

그 어떤 피조물을 당신에 비할 수 있겠나이까

하느님의 천사와 대천사라야 가능하겠나이까

성모님 당신께선 그보다 더 뛰어나시니!

기실 천사들과 대천사들은 경외심으로

당신의 태 안에 계신 분을 섬기고 있나니

말조차 쉬이 건네지 못하나이다

당신만이 그분과 그토록 자유롭게 말씀하실 수 있나이다

우리는 케루빔을 뛰어나다 말할 수 있으나

당신께서는 그들보다 더욱더 위대하시나이다

케루빔은 하느님의 어좌를 받치고 있으나

당신께서는 당신의 품에 하느님을 직접 모시고 계시나이다

세라핌은 하느님 앞에 서 있으나

당신께서는 그보다 더 가까이 계시나이다

세라핌은 자신의 날개로 얼굴을 가려

그분의 완벽한 영광을 뵈올 수 없으나

당신께서는 그분의 얼굴을 뵈올 뿐만 아니라

그분의 얼굴을 쓰다듬으시며 그분의 거룩한 입에 수유하시나이다

본 찬가의 저자 아타나시오는 295년 이집트 알렉산드리아에서 태어났다. 이 인물 역시 아리우스 이단에 맞서 가톨릭 신앙을 열렬히 지키는 데 큰 공을 세웠다. 325년 니케아 공의회에 알렉산드리아의 주교 알렉산드로스의 서기관 자격으로 참가했는데, 명확한 교리와 자신의 입장을 강력히 관철시키는 데 특출한 기질을 보였다. 알렉산드로스가 328년 세상을 떠난 뒤, 그는 후임 주교로

선출되어 373년 세상을 떠날 때까지 주교직을 수행하였다. 그는 45년간의 임직 기간에 피난을 가고, 박해를 받고, 셀 수 없이 유배 가는 등의 굴곡을 겪었으며, 가톨릭 신앙과 아리우스 이단 사이의 갈등과도 마주했다. 그 가운데에서도 용덕으로 주교직에 임했다.

  그는 그리스도의 신성에 대한 믿음을 지키는 수많은 작품, 성모님을 하느님의 어머니로 합당하게 기릴 저작을 남겼다. 그의 작품으로 전해지는 콥트어로 쓰인 한 소책자에서 성모님은 모든 그리스도인 동정녀의 모범으로 나타나신다. 이 찬가 6은 그가 두 번째 유배에서 돌아왔을 때 선포했던 '동정녀이신 성모님, 하느님의 어머니이시자 하느님의 거처이신 분'에 관한 콥트어 강론에 나타나는 찬가다. 이 작품은 토리노의 이집트 박물관에 파피루스 형태로 보존되어 있다.

카이사리아의 바실리오

찬가 7

사람아, 하느님께서 육신 안에 오셨음을 알아라
이 육화를 담아낼 수 있는 곳이 과연 어디인가?
바로 거룩하신 동정녀의 육신이로다
우리도 기쁨의 목소리를 드높이세
우리 축제에 하느님 현현의 이름을 지어 부르세
이 세상 구원의 신비, 인류의 새 탄일을 축하하세
오늘 우리의 단죄가 철회되었으니
더는 "너는 흙에서 왔으니 흙으로 돌아가리라!" 하지 않으시고
이제 천상 세계와 친밀히 결합하여

하늘나라까지 들어 올려지리라

더는 "너는 고통 중에 자녀들을 낳으리라" 하지 않으시고

임마누엘을 낳으신 분께선 행복하시며

그분을 키우신 품은 복되시다 하리라

하여, 우리에게 한 아기가 주어졌고

한 아드님이 주어졌으니

그분 어깨에 권세가 있으리

내 마음이 다시 꽃피우고,

내 영혼도 용약할지언정

나의 혀는 그토록 큰 기쁨을 외치기엔

너무나 약하고 무력하구나

찬가 8

의인에게나 악인에게나, 악한 이에게나 선한 이에게나

빛을 보내시고, 태양을 타오르게 하시는 분

서광을 비추시고 온 땅을 환히 밝히시는 분

오 모두의 주님이시여, 저희 마음 또한 비추어 주소서

저희가 당신 눈에 들게 행동하도록 이끌어 주소서

낮 동안 날아오는 모든 화살로부터

그리고 모든 원수의 세력으로부터 저희를 보호해 주소서

티 없으신 저희의 주인,

하느님의 어머니를 저희 가운데 안배하소서

저희에게 자비를 베푸시고 구원하심은

오로지 당신의 힘 안에 있사오니

당신께, 성부와 성자와 성령께

처음과 같이 이제와 항상 영원히 영광을 드리오리다

아멘

바실리오(약 329~378년)는 동방교회의 위대한 주교 중 한 명이자, 대大그레고리오 성인의 형으로서 카파도키아의 카이사리아(현 튀르키예의 카이사리아 지역)에서 태어났다. 학업을 마칠 즈음 세례를 받고 수도자가 되었다. 에우세비오 주교로부터 사제품을 받은 그는 후에 에우세비오의 후임자가 되어 카이사리아에서 사목하였다. 주교이자 설교자로서의 그의 폭넓은 활동, 전례와 수도원 체계 정립 등의 공로로 인해 살아 있을 때 이미 '대'라는 칭호가 부여되었다. 그는 교의에 관한 저술, 수덕신학에 관한 저술, 여러 담화와 강론, 여러 편지와 기도문들 등 풍부한 저작들을 남겼는데, 이 중 《전례서Liturgia》는 그의 이름을 널리 알리게 된 계기가 되었으며,

이는 오늘날에도 비잔틴 교회에서 사용하고 있다.

찬가 7은 《그리스도의 신성한 족보에 관한 강론*Omelia sulla santa generazione di Cristo*》에서 발췌한 것이고, 찬가 8은 그의 작품이라고 전해지는 비잔틴 전례서들 가운데 한 기도문에서 옮겨 왔다. 이 기도문은 그리스도께 바치는 것이지만, 중재자로서의 성모님에 관한 탄원은 짧은 길이에도 불구하고 당시 성인들을 기념하는 전례 환경 안에 성모님의 강력한 도움에 관한 믿음이 있었음을 보여준다.

니사의 그레고리오

찬가 9

성모님께 다가간 천사가 이렇게 말했나이다

경외하나이다! 은총이 가득하신 분!

곧바로 여종이 아닌 주인으로 그분을 대하였나이다

주님의 어머니가 되셨기 때문이어라

경외하나이다! 은총이 가득하신 분!

당신의 선조인 하와가 불순종으로

단죄받아 자손을 고통 가운데 낳았나이다

하지만 당신께는 기쁨을 향한 초대가 내렸나이다

하와는 카인을 낳았고 그와 함께 시기와 죽음이 찾아왔지만

당신께서는 아드님을

모든 이들을 위한 더러워지지 않을 생명의 근원을 낳으셨나이다

그러므로 경외하나이다! 기뻐하소서!

경외하나이다! 뱀의 머리가 짓밟혔나이다!

경외하나이다! 은총이 가득하신 분이시여!

저주는 끝나고

타락이 사라졌으며

슬픔이 그치고

기쁨이 꽃피웠사오니

예언자들의 기쁜 선포가 실현되었나이다

일찍이 성령께서는 당신을 두고

이사야의 입을 통하여

"보아라 동정녀가 잉태하여 아들을 낳으리니" 하셨으니

이 동정녀는 바로 당신이어라

그러므로 경외하나이다! 은총이 가득하신 분이시여!

당신께선 당신을 창조하신 분의 마음에 드신 분

영혼의 아름다움을 향유하시는 분의 마음에 드시는 분이시니
당신의 동정을 손상치 않으시고
오히려 당신을 보호하시는 정배를 찾으셨나이다
크신 사랑으로 스스로 아들이 되길 원하셨던 정배를 찾으셨도다

주님께서 당신과 함께 계시나이다!
그분께서는 당신 안에, 당신과 함께, 당신으로부터
모든 곳 안에 계시나이다!

아버지 품에 안긴 아들
동시에 당신의 태 안에 있는 외아들
주님께서는 그분만이 아시는 방식 안에서
모든 것들 안에 계시고
당신 안에 그 모든 것을 안배하시나이다!

당신께서는 여인 중에 복되시나이다!
당신께서는 모든 동정녀들 중 첫째 자리를 차지하시고
주님을 모실 수 있는 자격을 얻으셨기 때문이며
이 세상 그 어떤 이도 감히 담지 못할 정도로

위대하신 분을 당신 안에 맞아들였기 때문이나이다
당신께서는 모든 것을 자신으로 채우시는 분을 영접했사오니
당신께서는 구원을 이루는 장소가 되셨기 때문이오며
삶 가운데 왕이신 그분을 모신 가마가 되셨기 때문이나이다
당신께서는 영적 진주와 같은 보물로 우리에게 나타나셨나이다
당신께서는 여인 중에 복되시나이다!

찬가 10

오너라, 사람들아
모두 함께 동정녀로부터 태어난 그분을 노래하자
용기를 내어 천사의 목소리에 이끌려
거룩하신 동정녀를 기리자

경외하나이다, 은총이 가득하신 분이시여!
주님께서 당신과 함께 계시니!
모든 이의 주님께서 그분만이 아시는 신비로운 방식으로
당신 안에 거처를 취하셨으니 당신께선 마땅히 기쁨 누리실지라

경외하나이다, 은총이 가득하신 분이시여!

세상의 흔한 배우자가 아닌

주님께서 당신과 함께하시니!

정결의 아버지, 동정의 보호자

축성하시고 무결하게 하시는 분

자유와 구원을 주시는 분

평화를 이루시는 분이신

주님께서 당신과 함께 계시니

당신 안에는 신적 은총이 머물러 있나이다

경외하나이다, 은총이 가득하신 분이시여!

주님께서 당신과 함께 계시니!

아담은 더는 거짓의 주인을 겁낼 필요가 없으니

이는 당신에게서 태어나신 분께서

원수의 모든 세력을 짓밟으셨기 때문이어라

인류는 이제 뱀의 속임수와 간계를 겁낼 필요가 없으니

주님께서 세례의 물 안에서 용의 머리를 부수셨기 때문이어라

저는 "너는 흙에서 왔으니 흙으로 돌아가리라"라는 말씀을

더는 무서워하지 않으니

주님께서 거룩한 세례 안에서

제 모든 죄의 더러움을 없애 주셨기 때문이어라

저는 더 이상 울지 않고 회오에 고통받지 않으며

저를 감싼 날카로운 가시의 고통을 말하지 않으리니

주님께서 우리 죄의 가시를 벗어내셔서

당신의 머리에 두르셨기 때문이어라

저의 죄는 힘을 잃고

저의 옛 저주는 풀어졌으며

거룩한 동정녀로 인해

그 자리에 생명과 은총의 나무가 자라기 시작했도다

거룩한 동정녀께선 우리를 위한 생명의 샘

그리스도를 믿는 이들을 위한 빛의 샘이 되셨나이다

그분께서는 영적 빛이 솟아오르는 곳이 되셨나이다

경외하나이다, 은총이 가득하신 분이시여!

주님께서 당신 곁에 계시며 당신에게서 나오시니

완벽한 거룩함을 지니신 그분

그분 안에는 신적 충만함이 있나이다

경외하나이다, 은총이 가득하신 분이시여!

주님께서 당신과 함께 계시니!

모두를 거룩하게 하시는 그분께서

주님의 종, 티 없이 깨끗하신 분과 계시니

지극히 아리따운 당신과 함께 계신 분은

사람의 아들 중 가장 아름다운 분이시니

그분은 당신의 모상으로 창조한 인간을 구원하실 분이시로다

바실리오의 동생인 그레고리오는 335년경 카이사리아에서 태어났다. 그는 명민한 지성과 박식함을 지녔지만 실용적인 감각이 특출난 사람은 아니었다. 그렇기에 그는 니사 교구장으로 서임된 뒤 직무를 수행하는 데 어려움을 겪기도 하였다.

철학자이자 신학자로서, 그는 콘스탄티노플 공의회(381년)에서 '진리의 기둥'으로 추앙되었다. 395년에 세상을 떠날 때까지 그레고리오는 수많은 귀중한 신학, 주석, 수덕신학을 저술하고 담화와 강론들을 남겼다.

찬가 9, 10은 성모 영보에 관한 그의 두 가지 다른 강론에서 발췌한 것으로, 현대 비평가들은 이 작품들을 그레고리오의 것으로 여기고 있다. 첫 번째 찬가는 (저자성이 드러나지 않은) 요한 크리소스토모 성인의 강론들에 포함된 내용이고, 두 번째 찬가는 1909년에

처음으로 연구되어 출판된 것이다.

여기에서 우리는 후렴구, 곧 "경외하나이다! 은총이 가득하신 분이시여!"를 주목할 수 있다. 그레고리오는 성모님의 '축성'에 관한 선포의 근원을 제시하고 있는데, 이는 천상적 목소리가 들리는 예수님의 세례 장면에 우리가 투사된 것이다. 성모 영보 이야기에서 성모님께서 천상 전령인 천사로부터 '은총이 가득하신 분'으로 선포되는데, 이러한 방식으로 성모님께선 다른 이들과 구분되어 가장 뛰어난 여인으로 거듭나신다.

시리아의 에프렘

찬가 11

찬미받으소서, 케루빔의 노래여

찬미받으소서, 천사들의 찬양이여

찬미받으소서, 인류의 평화와 기쁨이여

찬미받으소서, 기쁨의 정원이여

찬미받으소서, 생명의 나무여

찬미받으소서, 믿는 이들의 보루이자

난파된 이들의 항구여

찬미받으소서, 아담의 여운이여

찬미받으소서, 하와의 대속이여

찬미받으소서, 은총의 샘이자 불멸의 근원이여

찬미받으소서, 지극히 거룩한 성전이여

찬미받으소서, 주님의 왕좌여

찬미받으소서, 오 정결하신 분이여

용의 머리를 짓밟으시고 심연으로 던져 버린 분이시여

찬미받으소서, 고통받는 이들의 피난처시여

찬미받으소서, 저주로부터의 구원이시여

찬미받으소서, 그리스도 살아 계신 하느님의 아드님의 어머니시여

그분에게 영광, 영예, 찬미와 찬양이

이제와 같이 영원히

모든 곳에서 영원히 있으리라

아멘

찬가 12

복되시어라, 성모여, 가난한 이들의 딸이신 당신께서

왕들의 주님의 어머니가 되시었으니

당신의 태중에

하늘의 찬미로 가득한 분이 거하시나이다

사랑으로 그분을 먹이신 당신의 품

그분을 어르신 당신의 입
그분을 안으신 당신의 팔은 복되시어라
당신은 하느님을 모신 수레가 되셨도다!

복되시어라, 성모여, 당신께서는 왕의 궁궐이 되셨으니
당신 안에서 땅을 지배하는 이들에게 힘을 주시는 분이 거하시도다
당신께서는 유다 민족으로부터 태어나셨고
당신의 혈통은 다윗 가문에서 나오셨으니
당신의 가문은 탁월하도다
한결같이 동정으로 남아 계심에도
다윗 자손의 어머니가 되셨도다

복되시어라, 주님의 여종이시여
야곱이 이야기한 어린 사자를 품으신 분!
그분께서는 당신 자신을 낮추시어 어린 양이 되셨으니
우리를 구원하시기 위해 십자가에 오르셨도다
어린 양으로 이사악의 생명을 구한 나무는
당신을 예언했나이다

복되시어라, 축복 가득한 분이시여,
당신으로 인해 하와의 저주가 풀리고 없어졌기 때문이나이다
당신으로 인해 뱀으로부터 세세에 새겨 내려온
우리 모두의 빚이 청산되었기 때문이나이다
당신께서는 세상을 모든 도움으로 가득 채우는
보물을 낳으셨나이다
당신으로부터 어둠의 왕국을 없애는
빛이 솟아올랐나이다

에프렘(306~373년)은 시리아어권 교회 교부들 중 가장 위대한 인물이다. 그는 설교자이자 시인, 주석가이자 신학 논쟁자이며 특히 '성령의 현악기'로 불리기도 하였다. 306년에 니시비스Nisibi(현재 튀르키예 남동부)에서 태어나 337년에 부제서품을 받고 373년 세상을 떠날 때까지 부제 직위를 유지했다. 그는 많은 저작을 남겼고, 시리아 교회 전례서에 있는 시편들을 정립하기도 하였다.

찬가 11, 12는 그가 그리스도의 신비와 성모님을 기리는 전례에서 언급한 미드라쉬 주석, 시적 강론에서 발췌한 것이다. 예로니모는 자신의 저작 《위대한 사람들 Gli uomini illustri》에서 에프렘의 작품이 다양한 교회에서 성경 본문 봉독 이후 읽힌다고 한 바 있다.

성모님을 노래하는 수많은 에프렘의 작품 중 일부를 선별하는 것은 매우 어려운 일이다. 찬가 11은 그리스어로 쓰인 작품이며, 천사의 인사말에서 영감을 얻은 성모님 찬가이다. 찬가 12는 성모님에 대한 엘리사벳의 찬미를 발전시킨 것이다.

비잔틴 전례에서

찬가 13

경외하올 동정녀, 하느님의 어머니

은총이 가득하신 분이여

주님께서 당신과 함께 계시도다

당신께서는 여인 중에 복되시며

당신 태중에 계신 아기도 복되시니

당신께서 우리 영혼의 구세주를

낳으셨기 때문이어라

> **찬가 14**

당신 자비의 그늘 아래

저희에게 피난처를 주시옵소서, 하느님의 어머니시여

역경 가운데 드리는 저희의 기도를 물리치지 마시고

위험에서 저희를 보호하소서

오, 오로지 깨끗하시고 복되신 분이시여

  이 찬가들은 비잔틴 전례서에서 가져온 것으로 우리에게 전해진 것들 중 가장 오래된 것이다. 찬가 13은 성모송(이집트에서 발견된 5세기경의 도자기 조각, 오스트라콘ostrakon°에 새겨진 것에서 축약된 형태가 발견됨)의 도입부로 보이고, 찬가 14는 '천주의 성모여, 당신의 보호 아래Sub tuum praesidium'(3세기경 작품으로 추정, 이집트에서 발견되었으며 파피루스에 기록되어 있다)의 도입부이다.

  여기에서 성모송의 더욱 원시적 형태의 핵심 구성이 바오로를 비롯한 신약의 저자들이 이미 사용한 고대 그리스도교 성가와 흡사하다는 것을 알 수 있다. 이 작품은 여러 성경 구절의 암시를 비롯해 신학적인 측면에서도 함축되어 있기에 그리스도교 기원 역사의 관점에서 중요한 작품이다. 여기에서 나타나는 주제는 루카 복음에 따른 성모님의 중요한 첫 담화들, 곧 가브리엘 천사 그리고 엘리사벳과의 담화에서 이끌어 낸 것으로, 성모님에 대한 두 가지의 핵심적 신학 사상이 나타나고 있다. 그분은 하느님의 은총을 받으신 분이자 복되신 분이며, 하늘나라에 미리 정해진 영광의 상을 받으실 분이라는 사실이다.

밀라노의 암브로시오, 암브로시오 전례 시편

찬가 15

이스라엘을 이끄신 분이시여 저희를 굽어보소서

케루빔 위에 앉아 계신 분이여

에프라임에게 나타나시어

힘을 다시 일으키시고 저희에게 오소서!

오소서, 민족들의 기민한 구원자시여

동정녀께 태어나신 분을 보여 주소서

모든 세대가 그분을 기릴 수 있도록!

이러한 신비로운 탄생은 그분에게만 합당할진저

인간의 씨앗이 아닌

성령의 신비한 숨결로

하느님의 말씀께서 육을 취하시고

그 태의 열매가 익었나이다

동정녀의 태는 자라났지만

그 정결의 주랑은 그대로 서 있나이다

미덕의 깃발들이 빛나고

그리스도께서 당신의 성전에 거하시나이다

빼어나신 신인神人이시여

정결한 왕실의 품에서

신방에서 나오시듯

앞으로 나아가 당신의 길을 힘차게 걸으소서

성부로부터 오셔서

성부께 돌아가시니

저승에 내려가신 뒤

하느님의 왕좌로 다시 오르시나이다

영원하신 아버지와 같으신 당신께서
우리의 육을 입으시어
우리 몸의 약함을
완전무결한 당신의 힘으로 강하게 하시나이다

당신의 구유는 찬란히 빛나고
밤은 당신의 별빛으로 빛나니
그 어떤 어둠도 그를 어둡게 못 하며
신앙의 빛으로 영원히 빛날지어다

    테르툴리아누스는 초기 그리스도인이 찬가를 노래하며 전례를 거행하고 거룩한 모임을 갖는 것이 익숙했다고 증언한다. 그들의 노랫말을 살펴보면 성경, 특히 시편에 담긴 서정적 구절들을 노래 가사로 사용했음을 알 수 있다. 시간이 흐르자 성모님을 찬미하기 위한 '시'도 창작되었다. 밀라노의 주교였던 암브로시오는 서방교회 거룩한 찬가의 창시자로 불리는데, 이는 성경 인용 대신 그가 스스로 구성한 찬미 시편이 전례 안에 도입되었기 때문이다.
    암브로시오 이후, 그의 시편 구조와 기준에 부합하는 찬가들이 풍부하게 창작되었는데 이는 '암브로시오 시편'으로 불리는, 자체적 구성을 지닌 사실상 하나의 장르가 되었다. 이러한 찬가들은 시편 자체의 인기가 워낙 많았던 만큼 개별적 작품의 저자가 전해져 내려오지 않기에, 수많은 암브로시오 시편 중 암브로시오가 직접 구성한 것을 가려내는 일은 매우 어렵다. 다만 아우구스티노는 네 가지 찬가에서 암브로시오의 저자성을 증언하고 있다. 그중 우리가 앞에서 다룬 시편(Intende qui regis Israel)은 성탄 축일을 위한 시편이다. 이 작품의 성모님을 언급한 곳에서는 '주님의 어머니'에 관한 마태오 복음의 성찰이 잘 드러난다. 곧 성모님께선 그리스도 신성의 효과적 표징이자, 육화의 '성전'이라는 사실이다.

스트리돈의 예로니모

찬가 16

"오, 하느님! 모든 민족이 당신을 찬미할지어다
모든 민족이 당신을 찬미할지어다"
우리가 이렇게 말했으나
당신들은 듣지 않았다네
하여 우리는 당신들도 선포하도록 다시 부르짖네
어찌 우리가 계속 이를 반복하도록 하는가?
"땅이 자기 열매를 우리에게 주었다네"
땅은 바로 성모 마리아
우리의 땅으로부터, 우리의 혈통으로부터

나오신 그분이시로다

이 땅은 자기 열매를 맺었다네

에덴에서 잃어버린 것을 아드님 안에서 찾았다네

"땅이 자기 열매를 우리에게 주었다네"

이 땅이 꽃을 피우고

이 꽃은 열매를 맺었으니

우리가 이를 먹어

자라도록 하기 위함이었네

동정녀에게서 나신 아드님

여종에게서 나신 주님

사람에게서 나신 하느님

어머니에게서 나신 아드님

바로 땅에서 나신 열매시라네

예로니모는 달마티아Dalmazia의 스트리돈에서 태어났다(347년경). 젊은 시절, 고전 작품을 공부하기 위해 로마로 향했다. 성격이 급하고 다혈질이었기 때문에 그의 삶은 흔들림과 불안이 함께했다. 예로니모는 성경학자로서 히브리어 원문과 희랍어 원문의 성경을 라틴어로 완역한 것(불가타 성경)과 수많은 주석서를 저술한 것으로 유명하다. 성모님에 관한 식견도 탁월하여, 여러 호교론적 작품 (요비아누스에 대한 반박, 헬비디우스에 대한 반박), 강론 및 주석서 등에 그 식견을 드러낸다. 그는 420년에 세상을 떠났다.

 이 찬가에서 예로니모는 시편 67(66)편 6-7절을 주석하는 가운데, 동방박사의 방문 장면에서 구원의 개방성이라는 주제를 포착한다. 곧 예수님으로부터 온 구원이 다른 민족들에게도 열려 있다는 마태오 복음의 신학을 복구하며, 민족들의 환희를 성탄에 결부시키고 있다. 그리고 루카 복음 1장 42절과의 연관 안에서, 비옥한 땅이 자신의 열매를 맺은 이미지를 성모님께 적용하고 있다.

히포의 아우구스티노

찬가 17

그리스도께서 나셨도다

아버지로부터 나신 하느님

어머니로부터 나신 사람

아버지의 불멸로부터

어머니의 동정으로부터

어머니 없이 아버지로부터

아버지 없이 어머니로부터

시간을 뛰어넘는 아버지로부터

후손이 없는 어머니로부터

생명의 열쇠와 같은 아버지로부터

죽음을 끝내기 위해 어머니로부터

우리는 아침 샛별 앞에서

아버지로부터 탄생하심을

헤아리지 못하는도다

다만 한밤중에 찬미할지라

동정녀로부터 그분이 탄생하셨음을

찬가 18

주님, 당신께서는 육신 안에 기꺼이 내려오시기로 하셨도다

육화되신 말씀

우리 위에 계신 말씀이자 우리 앞에 계신 육신

육화되신 말씀, 하느님과 우리 인간 사이에 계신 분

당신께서는 육의 순리에 따라 태어나실 동정녀를 택하셨도다

당신을 잉태할 동정녀를 찾으셨도다

그리고 당신이 태어난 뒤에도 그녀를 동정으로 남기셨도다

찬가 19

당신은 누구시기에 그토록 큰 믿음을 지니시어 주님을 잉태하시고

그분의 어머니가 되실 수 있으셨나이까
당신을 창조하신 분이 어찌 당신 안에 잉태되시나이까
그토록 큰 축복이 대체 어디에서 찾아왔나이까
당신은 동정녀, 당신은 거룩하신 분……
이 모든 것은 당신이 의당 받아야 할 것
아니, 당신께서는 더 많은 것을 받았나이다
당신을 창조하신 분께서 당신 안에 잉태되셨나니
하느님의 말씀이신 분
그분을 통해 하늘과 땅
그리고 모든 것이 창조되었다네
말씀이신 분은 한 번도 하느님이심을 그치지 않으시면서도
당신 안에서 인성을 취하셔서 인간이 되셨나니
잉태되셨을 때에도 동정이셨던 당신을
태어나신 후에도 동정으로 보호하셨네

성모님께 여쭙는 것조차 무례하게 느껴지고
행여 평온한 그분을 동요시키는 것 같아 두렵다네
하지만 성모님, 제 얼굴이 붉어지오나 제게 응답해 주소서
"그러한 선이 어디서 오는지 내게 물으셨나요

천사의 인사말을 들어 보세요
그리고 제 태에서 오는 구원을 믿으세요
제가 믿었던 그분을 당신도 믿으시기를"

354년 타가스테(현재 알제리의 수크아라스Souk Ahras 지역)에서 태어난 아우구스티노는 저서 《고백록Confessioni》에서 잘 드러나듯 오랫동안의 문화적, 영적으로 방황한 뒤 38세에 회심하여 밀라노에서 암브로시오에게 세례를 받았다. 히포(오늘날의 안나바Annabah 지역)의 주교로 서임된 아우구스티노는 동시대 문명의 가치를 평가하여 신학적 체계로 재구성한 업적으로 영원히 기억되고 있다. 철학자이자 신학자, 교회의 열렬한 수호자이자 말씀 선포의 직무에 빼어난 지각을 가진 목자였던 그는 다양한 작품을 저술한 것 이외에도 800여 개의 설교를 남기고 430년에 세상을 떠났다. 그가 남긴 작품은 고대 로마에서 가장 주목할 만하다.

특히 찬가 17은 예수님의 탄생에서 성모님께서 차지하는 비중을 강조하고 있다. 성모님께서는 단순히 말씀이 육신을 취하신 장소의 의미를 넘어 충만한 모성을 지니신 어머니이셨으며, 그분의 이러한 모성적 기여를 통해 말씀께서 온전한 인성을 취하셨다.

토리의 막시모

찬가 20

티 없이 깨끗한 동정녀로부터 태어난 구세주께서

더럽혀지지 않은 품에 안긴 것은

너무나 당연한 일이었다네

성모님께서 그분을 순결하게 낳으신 것처럼

우리 영혼도

그분을 흠결 없이 지켜 드릴 수 있기를

성모님은 우리 영혼의 모범,

그리스도께서 어머니의 동정성을 찾으신 것처럼

우리의 완전한 사랑을 찾고 계시기에

찬가 21

그리스도 안에서는 혹여 꽃으로 변할
죄의 가시를 도무지 찾을 수가 없었네
그분은 가시를 찾을 수 없는 미소한 햇순에서
꽃이 되셨기 때문이라네
이는 예언자가 말한 그대로라네
"이사이의 그루터기에서 햇순이 돋아나고
그 뿌리에서 새싹이 움트리라"
햇순은 바로 성모님
너그럽고 순수하며 정결하신 분
그분께서 당신의 온전한 몸으로
그리스도를 꽃처럼 낳아 주셨네

막시모에 대한 정보는 유일하게 마르세유의 젠나디오Marsiglia de Gennadio에 관한 증언, 그리고 그의 설교에 관한 자료에서 얻을 수 있다. 그는 아마 412년 이후 호노리오와 테오도시오 왕국 치하에 세상을 떠난 것으로 보인다. 아마 베르첼리Vercelli의 에우세비오 문하에서 암브로시오의 작품으로 공부했을 것이다. 그의 담화는 사변에 골몰한 신학자보다는 목자로서의 도덕적 초상을 훌륭하게 보여 주고 있다. 야만인들이 문을 두드릴 무렵, 곧 402년 피에몬테의 알라리크Alarico 출신 반달족이 처음 침략한 이후 그 위협이 지속될 때, 그리고 로마 세계 문명이 점점 힘을 잃어 갈 때, 막시모는 제가 가진 주교직 소임 이외에도 사회적, 정치적 과제를 떠맡아야 했다.

찬가 20에서 '성모님은 우리 영혼의 모범'에 새겨진 특성을 주목하자. 이는 신자들이 성모님의 모범을 따라야 한다는 것을 권고하는 것으로 성모님을 본받는 것이 공적으로 인정된 여명의 시작이었다.

프루덴시오

찬가 22

새로운 한 혈통이 탄생하리니
태초의 진흙이 아닌
하늘에서 오신 한 분으로 인한 것이라네
그분은 참된 하느님이시며 온전히 사람이시네
하지만 육체의 불온함은 그분 자리에 없네

성부의 말씀이 살아 있는 살이 되셨네
그분을 순결한 여종이 낳았네
인간적 관계가 아니라

찬란하신 하느님께서
그분께 임하시었네

태고의 증오가
인간과 뱀을 척지게 하였으나
이는 훗날 한 여인의 승리의 초석이 되었네

이제 땅을 기어다니는 뱀은
그 여인의 발에 짓밟혔네
실로 하느님을 낳으신 동정녀께서는
모든 악을 다 이기셨다네
나른하게 몸을 웅크린 뱀은
무력한 독조차 다루지 못하고
자신을 푸른 풀과 혼동할 뿐이라네

    프루덴시오는 아마 서방 그리스도교 역사에서 가장 위대한 시인일 것이다. 348년 스페인의 칼라오라Calahorra에서 태어난 그는 수사학자이자 테오도시오 황제의 자문인으로 활동한 바 있다. 공직을 떠난 뒤에는 시인으로 왕성하게 활동하였다. 그의 새로운 삶은 이때 시작되었다. 교육적이고도 운율이 넘치는 그의 시는 이를 낭송하는 이와 청중, 모두를 위해 거행하는 작은 전례와 같았다. 성경에 대한 소양과 시적 식견에 더하여 프루덴시오는 열렬한 종교적 신심을 지니고 있었다. 특히 성경과 교리에서 끊임없이 생생한 영감을 이끌어 내어 이미지화했다. 그의 시는 마치 당대의 프레스코화와 모자이크에 비친 빛을 연상시킬 만큼 생동감이 넘친다. 《시간 찬가 *inni della giornata*》에서, 여섯 찬가는 하루의 각 시간, 곧 '닭이 울 때'부터 '잠이 들 때'에 이르는 시간을 신비로이 노래하고, 다른 여섯은 사순 시기의 단식을 시작할 때부터 주님 공현 대축일에 이르는 시기를 노래한다. 프루덴시오는 413년에 세상을 떠났다.

라벤나의 두루마리

찬가 23

오 하느님, 때가 찼을 때

당신께서는 거룩한 동정녀의 모성을 통해

빛나는 당신 본질의 영광을

우리에게 나타내셨나이다

이는 우리를 오류의 어둠에서 해방하시어

진리가 가없이 우리를 비추게 하기 위함이셨나이다

오 하느님, 청하오니

완전한 믿음과 겸손한 행동으로

이 육화의 신비를

저희가 항상 찬미할 수 있게 해 주시고

경건함과 존경심으로 이를 기리게 해 주소서

찬가 24

영원하신 하느님, 생명의 창조자시여

그리스도께서 육을 입으실 탄생이 가까울 무렵

당신께 청하오니

그분께서, 합당치 못한 종들인 저희에게

깊은 자비를 베풀어 주시기를 바라나이다

말씀이신 그분께선

육을 취하시어

저희 가운데 계시려

거룩한 동정녀의 품에 내려오셨나이다

찬가 25

오 영원하신 위엄의 하느님

천사를 통해 건네신

당신의 형언할 수 없는 말씀이 내려

티 없이 깨끗하신 동정녀께서

성령의 빛을 가득 받아
살아 계신 하느님의 거처가 되셨나니
자신의 거룩하고 깨끗한 태에
하느님이시자 사람이신 그리스도, 당신을 합당히 모신 그녀가
그 중재로 믿는 백성들을 보호할 수 있게 하소서

찬가 26

오 진실된 빛이시여, 우리 주 하느님
마음 깊은 곳으로부터 구원의 말씀을 건네신 분
감히 청하오니
동정 성모의 티 없으신 태 안에
놀라운 방식으로 내려오셨듯이
당신의 종인 저희가
그 영광스러운 성탄을 기쁨으로 지낼 수 있도록 이끌어 주소서

찬가 27

오 하느님, 동정녀의 태 안에
당신의 거처를 지극히 아름답게 꾸미셨나이다
그녀의 육신 안에

거룩한 거처가 지어졌나이다

오소서, 당신께서는 좋으신 분

어서 저희에게 오소서

태고의 예언에 따라

저희의 가련함에서 저희를 구하소서

당신께서는 마땅한 사랑을 받으실 분

모두가 찬미를 올리나이다

저희에게 부디 영원한 구원을 주소서

찬가 28

오 주님, 저희 하느님

동정의 거처가

지극히 아름답게 준비되었나이다

왕실 혼인이 열려

사람의 아들 중 가장 아름다운 신랑이 나올지어다

그 충만함으로부터 평화와 기쁨이

모든 민족에게 내릴지어다

그 찬란한 존재로 인하여

우리 영혼의 어둠이 마침내 영원히 물러갈지어다

이 두루마리는 1833년 체리아니A. Ceriani와 토리노의 포로G. Porro가 사보아의 안토니오 비오Antonio Pio 왕자의 고문서실에서 발견하였다. 양피지로 된 이 두루마리는 길이 3.6미터, 넓이 19센티미터로 앞면, 뒷면 모두 글이 쓰여 있는데, 앞면에는 라틴 전례 기도문이, 뒷면에는 라벤나의 주교와 로마 주교 세르지오가 687년과 701년 사이에 교환한 두 개의 서신이 담겨 있다.

이 두루마리는 라벤나 교회에서 유래되었고, 전례적으로 매우 귀중한 유산인 40편의 기도가 담겨 있다. 이 기도문들 안에 나타난 여러 안내문은 대림 시기의 법적 시간경*이 초기 교회에서 어떻게 거행되었는지 추측하게 해 준다. 이 형식들의 주석은 초기 (4~5세기) 로마 전례 기도문, 특히 성탄 전례와 매우 밀접히 연관된 부분도 밝혀 준다. 정밀한 비평에 의하면, 오랜 시기를 거쳐 다양한 저자들에 의해 구성되고, 필사된 것으로 보이는 이 기도문들이 4세기 말에서 5세기 초 파다나padana 지역의 교회로 거슬러 올라간다고 말한다.

서고트족의 성찬 화답 기도

찬가 29

오 동정녀시여

당신께서는 그리스도를 낳으심으로써

인류를 구하시고

당신께 청하는 기도를 하느님께 들려주소서

티 없이 모든 이의 구원자를 낳으신 이여

저희를 위해 전구해 주시고

저희 죄의 용서와 기쁨을

주님으로부터 얻어 주소서

찬가 30

오 하느님의 거룩하신 어머니시여
천사의 메시지를 받아들이시자
말씀을 잉태하셨다네
믿음으로 그 말씀에 동의하시어
육신으로 아드님을 낳으셨네
신비로운 존재 앞에서 떨면서도
은총의 도움을 신뢰하셨네
당신 백성의 요청을 받아들이소서
당신은 가능하신 분
우리 기도를 너그러이 들어주소서
이 삶의 여로를 걷는 모두가
확실한 희망 안에서 당신께 피신하도록
당신 아드님 주 예수 그리스도께 안전하게 나아가도록
당신 태 안에 저희를 맞아들이소서

찬가 31

당신께서는 동정녀를 통해
그분의 동정을 손상하지 않으신 채

그분께 들어가지도, 나오지도 않으신 채 저희에게 오셨나이다
오 주님, 당신께서는 모든 것을 하실 수 있사오니
당신께 온 힘을 다해 부르짖나이다
당신의 어머니께
어머니이자 동정녀로서 온전히 계실 수 있게 허락하셨듯이
그분의 기도로서
우리 보편 교회에도
올바른 믿음과 풍성한 애덕을 허락하소서
하여 당신의 교회는
신앙의 백성들을 낳을 수 있으리니
그리고 더러움도 흠도 없이
모든 죄로부터 깨끗이 되어 당신을 따르게 하소서

찬가 32

들으소서 딸이시여, 그리고 보소서
당신께선 당신 아들의 딸이 되셨고
그 아기의 여종이 되셨으며
창조주의 어머니이자
지극히 높으신 구세주의 수레가 되셨나이다

왕께서 당신의 찬란한 아름다움에 반하셨고

이에 당신의 땅 위에서

가장 깨끗한 거처를 마련하기로

결심하셨나이다

하여 그분으로부터

당신에게 사로잡히신 그분

당신을 어머니로 삼으신 그분

그분의 그 갈망의 빼어난 감미로움을 저희에게도 부어 주시어

이 생애에 당신을 섬기는 데 항구히 머물고

모든 여정이 끝나면

조금의 혼란도 없이

당신에게서 나신 분께 갈 수 있게 하소서

찬가 33

오 말씀의 종이자 지극히 거룩하신 어머니시여

당신의 하염없이 깊은 자비로

당신께 달려가는 이들을 맞아들이소서

당신께서 사랑을 가득히 쏟아

낳으신 아드님께서

보혈로 구속하신 양 떼를 먹이소서

창조된 이들에게 당신의 품을 허락하소서

만물의 창조주를 당신께서 먹이셨으니

당신을 섬기는 이들과

당신에게 다가와 경외하는 이들에게

영광으로 갚아 주소서

저희는 당신을 섬기는 것이 행복하나이다

당신의 전구로 저희는 항상 보호받나니

찬가 34

오 그리스도님

당신의 어머니이신 동정녀는 복되시어라

세상의 영광스러운 여왕이신 분

천사의 인사말에

주님께서 선포하신 바가 이루어질 것이라고 믿었기 때문이어라

저희는 그분의 동정 잉태를

끊임없이 기릴지어니

청하나이다, 부디

티 없이 깨끗한 마음으로

당신의 장엄한 성탄에 가까이 갈 수 있도록

성찬 화답 기도Orazionale는 베로나의 카피톨라레Capitolare 도서관에 있는 귀중한 89권 코덱스에 담겨 있다(고고학자 마페이Maffei가 1732년에 발견). 이는 아랍 민족의 침략 이전부터 스페인에서 사용되던 것으로, 의심의 여지 없이 모사라베 전례 중 가장 오래된 것이다. 여러 합리적인 근거로 이 기도문이 타라고나Tarragona 교회에서 생겨났다고 추정할 수 있으며, 대교구 교회 안에서 서고트족의 언어로 쓰인 이 코덱스는 아랍 민족의 무력으로 인해 도시가 무너진 711년 이전에 작성되었다고 할 수 있다.

이 본문은 그 역사성만으로도 충분히 가치가 있으며, 독보적으로 성경적, 신학적, 전기적, 전례적, 문학적 구성이 뛰어나기에 매우 중요하다. 베로나의 이 필사본은 1121개의 완전한 기도문 외에도, 후렴구, 화답송 혹은 이와 유사한 짧은 기도문들이 종이의 여백에 적혀 있다. 이것은 아마 4세기 말에 적혔을 것이다.

모사라베 전례

찬가 35

우리 주 예수 그리스도께서 사람들 사이에서
사람을 위하여 탄생하시는 경이로운 오심을
기리고 찬미하는 것은
너무나 당연하고 합당한 일이라네
천상의 천사가 다가와 인사하자 이 땅의 동정녀가 받아들이신 분
육을 취하셨을 때 성령께서 임하신 분은 예수 그리스도이시네
가브리엘의 예언과
성모님의 믿음
그리고 하느님의 성령께서 함께하시어

천사의 인사 뒤 놀라운 일이 뒤따르고

그 예언이 실현되어

지극히 높으신 분의 신비로운 힘으로

당신이 잉태되셨음을 성모님이 깨닫게 되었네

천사가 선포하였다네

"보소서, 당신의 태가 잉태하여 한 아이를 낳을 것입니다"

"어떻게 그런 일이 일어나겠습니까?" 하고 성모님이 여쭈셨다네

의심 없는 믿음 가운데 건넨 물음이었네

이에 성령께서는

천사가 선포했던 바를 이루어 주셨다네

잉태 이전에도 동정이셨던 성모님은

아이를 낳으신 이후에도 동정을 유지하셨네

그분께서는 하느님을

처음엔 마음으로 이후엔 육신으로 맞아들이셨네

동정녀께서는 하느님의 은총으로 가득 차

처음으로 세상에서 구세주를 맞아들이셨네

이에 천사들에게 찬미받으시는 분

하느님 아드님의 진정한 어머니가 되셨네

모사라베* 전례는 '서고트적' 혹은 '이베리아식' 전례로도 불리는데, 4세기 말부터 8세기에 이르는 서고트 시대 스페인의 라틴 문학으로부터 유래되었으며, 그 영향은 12세기까지 이어졌다. 매우 알찬 신학적 내용이 장엄한 리듬으로 표현된 이 찬가들은 현재 톨레도Toledo 대성당에만 보존되어 있다.

이 본문 안에는 주목할 만한 것이 몇 가지 있다. 성모님의 질문과("어떻게 그런 일이 일어나겠습니까?" 하고 성모님이 여쭈셨다네 / 의심 없는 믿음 가운데 건넨 물음이었네) 영속적 순결의 내용을 통해 성모님에 관한 성찰이 이미 상당히 발전되어 있다는 점이다. 하지만 무엇보다도 성모님에 관한 문헌의 중심에, 성모님의 순종이 부각되어 있다는 사실이 중요하다(그분께서는 하느님을 / 처음엔 마음으로 이후엔 육신으로 맞아들이셨네).

놀라의 파올리노

찬가 36

하느님께서는 거룩한 여종을 마치 성전 안의 주랑처럼

비와 이슬이 내려앉는 곳처럼

공경과 존경으로 둘러싸인 모습으로 창조하셨네

그분께서는 직접 하늘의 눈처럼

가볍고 조용하게 날아오셨다네

마치 기드온의 양털에 이슬이 내려앉은 것과 같았네

그 누구도 이 신비를 깨달을 수 없다네

하느님께서 그토록 조용한 방법으로

동정녀의 품 안에서 사람이 되셨다니

인간의 구원 위한

주님의 신비로운 호의로다

동정녀께서 사람의 개입 없이

우리에게 아드님을 주셨도다

이는 그리스도와 교회의 혼인에 관한

탁월한 신비의 모상이로다

그분 또한 주님의 남매이자

사랑스런 정배라네

어머니께서 영원하신 말씀의 씨앗을 받으시듯

당신 태 안에 있는 민족들에게 빛을 주소서

아내는 사랑 안에서 누구도 손상하지 못하는 누이가 되고

주님의 팔은 성령이라네

그분을 사랑하시는 분은 하느님이시기 때문이라네

  로마의 부유한 그리스도교 가문 출신의 파올리노(355~431년)는 프랑스 보르도에서 태어났다. 훌륭한 스승들에게 가르침을 받은 뒤 정치적으로 활동하다 배우자의 동의를 얻은 뒤 396년 세례를 받고 자신의 막대한 재산을 가난한 이들에게 나누어 주었다.

그는 이후 캄파니아Campania 지역 놀라의 주교가 되었다. 펠릭스 성인의 기적을 찬미하는 시를 짓기도 했던 파올리노는 그렇게 펠릭스 성인의 무덤이 있는 곳에서 주교 생활을 했다. 그의 시는 일상에서 겪은 아주 소소한 체험을 시로 옮겨 내 그리스도교적 맥락으로 재구성하는 당대 관습의 영향을 받기도 했다.

알렉산드리아의 치릴로

찬가 37

성모님, 하느님의 어머니시여

세상의 거룩한 보물

꺼지지 않는 등불

동정의 왕관

정통 신앙의 왕홀

무너지지 않는 성전

세상이 담을 수 없는 분의 감실

어머니이자 동정녀시여!

당신으로 인해

주님의 이름으로 오시는 분께서

복음 안에서 찬양받으시네

살베, 동정녀의 품 안에

지극히 높으신 이를 품으셨던 이여

당신으로 인해

십자가가 찬미받으며

온 세상이 경배하나이다

하늘이 용약하고

천사들과 대천사들이 기뻐하며

악마들은 파멸되며

유혹자 마귀는 하늘에서 떨어졌다네

당신으로 인해

타락한 인류가

하늘까지 다시 들어 올려지고

우상을 섬기던 온 피조물이

다시 돌아와 진리를 알게 되었네

당신으로 인해, 거룩한 세례가

믿는 이들에게 큰 기쁨의 기름이 되었네

당신으로 인해 온 땅 위에 교회가 생겨났네

당신으로 인해 사람들이 하나로 모여졌다네

하여 제가 무엇을 더 말할 수 있겠나이까?
당신으로 인해 빛이신 그분, 독생 성자이신 하느님의 아드님께서
어둠과 죽음의 그늘 아래 잠들어 있는 이들에게 발하네
당신으로 인해 예언자들이 미래를 예언하였고
사도들이 사람들에게 구원을 선포하며
죽은 이들이 다시 살아났네

치릴로는 이집트 교부 중 가장 위대한 인물이다. 요한 크리소스토모 다음으로 다작多作의 저술가로 유명한 그는 알렉산드리아에서 약 370년부터 444년까지 살았다. 그의 특징은 명석하고 심오한 사고다. 그는 육화 신비의 신학자로 불리었고 성모님의 신적 모성의 열렬한 지지자였다. 이로 인해 이단적 견해를 가졌던 총대주교 네스토리우스＊의 도전을 받기도 했으나, 하느님의 어머니에 관한 그의 견해는 431년 에페소 공의회에서 재확인되었다. 그가 이 공의회에서 하느님의 어머니를 기리며 열렬히 선포한 연설은 고대 교회에서 가장 유명한 연설이다.

찬가 37에서는 성모님에 관한 치릴로의 굳건한 신념을 엿볼 수

있다. 망설임 없이 성모님을 "정통 신앙의 왕홀"이라고 표현하기 때문이다. 이 표현은 그가 때로는 정통 교리에 얼마나 격렬하게 투쟁했는지 짐작하게 하는 강한 표현이다.

앙카라의 테오도토

찬가 38

하늘나라에서 온

가브리엘의 이야기를 받아들일 수 있게 하소서

은총이 가득하신 분이시여, 주님께서 당신과 함께 계시나이다

그의 말을 우리도 따라 할 수 있게 하소서

살베, 우리의 타오르는 행복이시여!

살베, 교회의 기쁨이시여!

살베, 향기 가득한 이름이시여!

살베, 하느님의 빛으로 비추인 얼굴이며

아름다움이 퍼져 나오는 얼굴이시여!

살베, 모든 공경의 기념비시여!

살베, 영적이며 유익한 양털이시여!

살베, 태어난 빛의 순백한 어머니시여!

살베, 거룩함의 순결한 어머니시여!

살베, 생명의 물이 솟아오르는 샘이시여!

살베, 새 혈통의 모범인 새 어머니시여!

살베, 형언할 수 없는 신비로 가득한 어머니시여!

살베, 이사야가 말한 새 책이시여

새 성경의 책

이 책을 천사들과 사람들이 믿을 수 있게 증언했나니

살베, 성결의 기름을 담는 꽃병이시여!

살베, 동정을 소중히 여기시는 분이시여!

살베, 세상이 도무지 담을 수 없는 분을

당신 안에 맞아들이신 겸손한 곳이여!

갈라티아의 안키라(오늘날 튀르키예의 수도 앙카라 지역)의 주교였던 테오도토는 5세기 전반에 살았던 인물로, 에페소 공의회(431년) 이전에는 네스토리우스 총대주교와 친구 관계였음에도 하느님의 어머니로서의 성모님의 정체성을 강력히 고수하였다.

그의 이름으로 오늘날까지 여섯 개의 강론이 전해지는데, 이곳에서 나타난 성모님에 대한 그의 애정 어린 시선을 통해 테오도토에게 그분이 얼마나 중요했는지 알 수 있다. 찬가 38은 네 번째 강론의 한 부분을 발췌한 것으로, 동정녀를 기리는 테오도토의 수사적 재능을 읽을 수 있다. 그가 어떻게 루카 복음 1장 28절의 짧은 천사의 인사말을 성모님에 관한 풍부한 신학으로 연결시켰는지 주목할 만하다. 여기에서는 신약 성경에 나타나는 암시(생명의 물이 솟아오르는 샘 등)를 시적으로 풍부하게 만들고 있다.

콘스탄티노플의 프로클로

찬가 39

하느님의 어머니께서 우리를 이곳에 불러 모으셨네

동정 성모여, 동정성의 때 묻지 않은 보석이신 분

두 번째 아담의 낙원

만남과 구원의 교환을 위한

신적, 인간적 본성이 결합하는 곳

말씀과 육신의 혼인을 위한 지성소

거룩한 출생의 불이 태울 수 없는 살아 있는 떨기나무

케루빔 위에 좌정하신 분을

육신에 결합하신 채 데려오신, 진정 가벼운 구름이시여

목자가 양 떼를 입힌
지극히 순수한 천상 비의 양털이시여

성모님, 여종이며 어머니시여
동정녀시며 하늘이신 분
하느님과 사람 사이의 유일한 다리이시여
육화의 위대하고도 놀라운 베틀이시여
이를 통해 재단사 성령께서
형언할 수 없는 일치의 옷감을
위로부터 오는 덕으로 실을 자으시니
아담의 오래된 양털로
동정녀의 티 없이 맑은 육신의 올을 엮고
그녀가 품어낸 분의 강렬한 은총으로 실을 짜내셨도다
말씀이신 직공께선 말씀에 대한 동정녀의 순종 가운데
그분 안으로 들어가셨도다

찬가 40

오늘 여인들의 공동체를 찬양하나이다
사라를 칭송하고, 레베카를 존경하며

레아에게 경탄하고, 드보라를 찬사하네
또 복된 엘리사벳을 찬미하고
누구보다 성모님을 공경하나이다
그분께서는 어머니가 되셨나니
주님의 여종, 구름, 신방, 성궤이신 분
무엇보다도 그분께서는 어머니
이 세상에 오시길 원하신 분을 낳으셨네
그분께서는 여종:
본성을 고백하시고 은총을 선포하셨네
그분께서는 구름:
성령으로부터
티 없이 태어나실 그분을 잉태하셨네
그분께서는 신방:
그분 안에서 신방처럼 하느님의 말씀이 거하시었네
그분께서는 성궤:
법이 아닌, 법을 만드신 분을 당신의 태 안에 모시었네
하여 찬미하나이다, 여인 중에 복되신 분!
하와의 고통을 덜어 내신 유일한 분!
우는 이들의 눈물을 닦으신 유일한 분!

세상의 속량을 가져오신 유일한 분!

존귀한 보물 진주가 맡겨진 유일한 분!

향락 없이 아이를 갖으시고

고통 없이 아이를 낳으신 유일한 분!

그분이 원하신 방식으로

임마누엘을 낳으신 유일한 분!

당신께서는 여인 중에 복되시며

태중에 계신 아드님 또한 복되시나이다!

434년, 프로클로는 네스토리우스에 이어 콘스탄티노플의 총대주교가 되었다. 그의 저작으로는 강론과 편지 등이 전해져 내려오나, 오늘날 이를 한데 엮기가 쉽지 않다. 전해지는 담화들은 그가 매우 남다른 설교자였음을 보여 주는데, 실제 그는 친구이자 스승이기도 했던 요한 크리소스토모의 학파에 속해 있었다.

그는 하느님의 어머니로서의 성모님의 정체성을 열렬히 수호했던 인물이다. 놀랍게도 428년에 자신의 선임자인 네스토리우스 앞에서 하느님의 어머니로서의 성모님의 정체성(특히 이러한 신적 모성을 지닌 어머니의 정체성은 테오토코스Theotókos라고 불리는데, 이러한 동정 성모님에 대한 찬가는 비잔틴 교회의 사순 시편인 아카티스토Acátisto의

미상 저자에게 영감을 주기도 했다)을 방어하는 강론을 하기도 하였다. 446년에 세상을 떠났다.

반-네스토리우스를 표방하는 그의 작품은 테오토코스 성모님 형상이 중심 주제였다. 찬가 40에서 드러나듯, 그의 작품에서 '하느님의 어머니'로서의 성모님의 형상에 부여하는 신학적 주제의 응집성을 주목할 만하다. 그의 작품에는 당대까지 찾기 힘들었던 성모님의 정체성에 관한 신학과 그 중심성이 강조되고 있다.

아카티스토(비잔틴 교회의 사순 시편)

찬가 41

경배하나이다, 태 안에 갈피 잃은 이들의 인도자를 모신 분이시여

찬미하나이다, 노예들의 해방자를 낳으신 분이시여

경배하나이다, 의로우신 재판관을 중재하실 분이시여

찬미하나이다, 죄에 빠지고 회개하는 이들의 용서이시여

경배하나이다, 길 잃은 이들의 피난처시여

찬미하나이다, 모든 열망을 초월해 우뚝 서신 사랑이시여

경배하나이다, 순백한 신부이시여

천상 탄생을 바라보며

하늘에 우리 마음 두고
그 마음 이 세상에서 드높이 올리세
지극히 높으신 분께서
미천한 모습으로 세상에 나타나셨네
그분은 찬미하는 이들을
하늘 높이 올리시려 그리하셨네
알렐루야!

땅에 주 하느님 오심은
장소의 바꿈 없이 이루어졌네
아드님께선 동정녀로부터 태어나셨네
그분은 하느님을 맞이하면서
이 말을 듣게 되셨다네

찬미하나이다, 무한하신 하느님의 어좌시여
경배하나이다, 신비로운 황제의 문이시여
찬미하나이다, 믿지 않는 이들의 닫힌 귀에 대한 경종이시여
경배하나이다, 믿는 이들의 확실한 자랑이시여
찬미하나이다, 케루빔 위에 계신 분의

지극히 거룩한 수레이시여
경배하나이다, 세라핌 위에 계신 분의
완전한 거처시여
모든 천사의 군대가
육화의 위대함에 감화되었나이다
지극히 신비하신 하느님께서
모든 사람이 가까이 올 수 있도록 당신을 드러내시어
우리 가운데 사셨나니
하여 우리 모두 그분을 듣게 되었나이다
알렐루야!

저희는 그토록 유창한 수사꾼들이
생선처럼 말 잃은 것을 보았나이다
오, 하느님의 어머니시여
저는 당신께서 출산하시고도 어찌 여전히 동정으로 남으셨는지
도무지 설명할 길이 없나이다
다만 이 신비를 묵상하며
저희 기쁨을 두며
저희 믿음 고백하나이다

찬미하나이다, 하느님 지혜의 거처이시여

경배하나이다, 섭리의 보물이시여

찬미하나이다, 지혜롭다는 자들의 무지를 드러내신 분이시여

경배하나이다, 수사꾼들의 어리석음을 밝히신 분이시여

찬미하나이다, 허울뿐인 철학자들의 무지를 나타낸 분이시여

경배하나이다, 신화의 시를 시들어 버리게 하신 분이시여

찬미하나이다, 이교인들의 궤변을 타파하신 분이시여

경배하나이다, 어부들의 그물을 가득 채우신 분이시여

찬미하나이다, 무지의 심연을 밝혀 올리신 분이시여

경배하나이다, 수많은 이들에게 진리의 광채를 선물하신 분이시여

찬미하나이다, 구원을 갈망하는 이들의 배이시여

경배하나이다, 이 어려운 삶을 항해하는 이들의 항구이시여

찬미하나이다, 오, 순결한 신부이시여!

만물의 창조이신 그분은

세상을 구원하시려

기꺼이 이 세상에 오길 원하셨네

하느님이신 그분께서는 우리의 목자이시나

평범한 사람처럼 우리 앞에 나타나셨네

사람이 되심으로 사람들을 이끌어 주신 분
하느님께서는 다음과 같은 말씀을 들으시네
알렐루야!

하느님의 동정 어머니시여
당신께서는 동정녀의 방패
당신을 따르는 이들의 보호자시나이다
하늘과 땅의 창조주께서
당신을 그토록 티 없이 깨끗하게 만드셨나니
그분께서 당신 태 안에 거처하시고
당신을 노래하도록 가르치시기 위함이었다네

경배하나이다, 동정의 기둥이시여
찬미하나이다, 구원의 문이시여
경배하나이다, 새로운 혈통의 시작점이시여
찬미하나이다, 하느님의 선을 보여 주신 분이시여
경배하나이다, 죄 가운데 태어난 이들에게 새 삶을 주신 분이시여
찬미하나이다, 그릇된 생각에 사로잡힌 이들에게
올바른 이치를 깨닫게 해 주신 분이시여

경배하나이다, 정신을 타락시키는 이들을 물리치시는 분이시여
찬미하나이다, 정결을 꽃피우시는 분을 낳으신 분이시여
경배하나이다, 티 없는 혼인의 신방이시여
찬미하나이다, 믿는 이들을 주님께 결합하시는 분이시여
경배하나이다, 동정녀들의 감미로운 스승이시여
찬미하나이다, 신비로운 혼인 잔치를 위해
거룩한 영혼들을 치장해 주시는 분이시여
경배하나이다, 오, 순결한 신부이시여!

온갖 노래가 내려오나
당신의 무한한 자비에 가히 비견할 노래 없나니
왕이시여
저희가 모래알만큼 수없이 찬미 노래를 부른다 하여도
결코 당신께서 저희에게 주신 만큼 갚아 드릴 수 없으리니
알렐루야!

    이 찬가는 5세기와 6세기 사이에 작곡되었는데, '서서' 낭송되었기에 이를 표현하는 그리스어 단어에 따라 '아카티스토 Ακάθιστος'라고 불리게 되었다. 동방교회에서 가장 대중적인 찬가로, 그 인

기가 서방교회의 묵주 기도에 비견할 정도이다. 이 찬가는 문학적, 신학적 측면에서도 **빼어난** 명작인데, 동정 성모님을 찬양하는 데 있어 가장 심오한 성찰과 깊은 찬미의 색을 드러내고 있다.

이 찬가를 담고 있는 아카티스토는 총 24연으로 이루어져 있는데, 모두 희랍어 알파벳으로 시작한다. 첫 열두 연은 전기적 측면에서 예수님의 유년기를 다룬 복음 내용을 기초로 하고 있다. 다른 열두 행은 신학적 성격을 띠며, 성모님에 관한 신학적 내용이 주를 이룬다.

작가 미상의 찬가

찬가 42

당신께 다가가나이다, 오 하느님의 동정 어머니시여

정복할 수 없는 벽이자 구원을 지켜 줄 요새여

원수들의 책략을 물리치시고

당신 백성의 고통을 기쁨으로 바꿔 주소서

당신의 목소리를 세상이 듣게 하시고

당신에게 헌신한 이들을 강하게 하소서

이 땅의 평화를 위해 전구해 주소서

오, 테오토코스시여, 당신은 저희의 유일한 희망이시나이다

찬가 43

세상 모든 민족이 당신을 복되다 하나이다

오 하느님의 어머니 동정녀시여

모든 것보다 뛰어난 당신 안에서

우리 하느님 그리스도께서 기꺼이 거하시기로 하셨다네

아, 당신을 보호자로 둔 우리는 얼마나 복되나이까

당신은 밤낮으로 저희를 전구해 주시니

하여 저희는 당신을 소리 높여 찬미하나이다

"살베, 은총이 가득하신 분, 주님께서 당신과 함께 계시도다!"

찬가 44

당신을 무어라 부를 수 있겠나이까, 은총이 가득한 분이시여

당신을 하늘로 부르겠사오니

정의의 태양을 솟게 하셨기 때문이외다

당신을 낙원이라 부르겠사오니

불멸의 꽃이 당신 안에서 피었기 때문이외다

당신을 동정녀로 부르겠사오니

당신께서는 손상된 적이 없기 때문이외다

티 없는 어머니라고 부르겠사오니

모든 이의 하느님이신 아드님을

당신 품으로 받아 주셨기 때문이외다

청하오니 저희 영혼의 구원을 위해 그분께 빌어 주소서

찬가 45

오, 하느님의 어머니시여

당신은 생명의 열매를 주신 진정한 포도나무이나이다

당신께 청하오니, 성모님

하느님께서 저희 영혼에 자비를 베푸시도록

사도들과 모든 성인들과 함께 저희를 위해 빌어 주소서

찬가 46

저희는 죄로 인해

그 어떤 자신감도 남아 있지 않사오니

오 동정녀시여, 하느님의 어머니시여

당신에게서 나신 분께 전구해 주소서

주님의 호의를 얻기에

어머니의 기도는 가없이 강력하나이다

사실 그분께서는 자비로우시고

저희를 구원하실 수 있나니

육신을 통해

저희를 위해 고통받기를 받아들이신 분이시기에

찬가 47

당신께선 천 번의 영광을 받으시오니

오 동정녀시여, 하느님의 어머니시여

당신을 찬미하나이다

아드님의 십자가로 인해

지옥이 쓰러지고

죽음이 망신을 당하며

죽은 저희는 다시 살아나고

생명에 합당하게 되어

천국을 얻게 되었으니

이것이 저희의 첫 상급이나이다

하여, 우리 하느님이신 그리스도, 당신께 영광 드리오니

유일하게 전능하시고 자비로우신 분이시도다

작자 미상의 찬가들(5~6세기의 작품)은 그리스 교회의 시간 전례

서에 수록된 것으로, 오랫동안 전해진 성모님에 관한 공통된 주제들을 다루고 있으나 그 형식은 매우 간결하고 압축적이다. 이 찬가는 한편으로는 찬미로, 다른 한편으로는 간청과 도움의 요청으로 결론 맺는데, 이는 이후 찬가가 번영했던 수 세기의 서막이다.

여기에서 성모님에 관한 주제가 어떻게 주로 '전구'에 집중되어 있는지 살펴볼 필요가 있다. 이전 시기의 성모님께서는 그리스도론 안에서 보조적으로 기억되는 정도였다면, 하느님의 어머니로서의 당신의 정체성이 본격적으로 칭송된 이후에, 동정녀께서 믿는 이들을 위하여, 초월적 구원과 지상 어려움으로부터의 구원 모두의 탄원을 요청하는 대상이 되시는 것이다. 그분은 여기에서 "유일한 희망"과 "보호자"로 나타나신다. "어머니의 기도는 가없이 강력"하기 때문이다.

예루살렘의 헤시키우스

찬가 48

감사를 느끼는 모든 피조물은

의당 하느님의 어머니이신 동정녀께 경배드리고 싶어 하오니

천사들의 으뜸이신

가브리엘을 본받는다네

누군가 그분께 '살베'라고 말하였고

다른 누군가는 '주님께서 당신과 함께 계십니다' 한다네

육신을 입고 그분 안에서 태어나

인류에게 나타나신 주님의 은총 안에서 가능한 일이라네

누군가 그분을 빛의 어머니라고

다른 누군가는 생명의 별이라고 칭하였다네

어떤 이들은 그분을 하느님의 왕좌라고

저이는 하늘보다 더 넓은 성전이라 부른다네

아무개는 그분을 케루빔의 왕좌보다 뛰어나시다고 이야기한다네

다른 누군가는 더 나아가 순결하고 비옥하신 정원

탐스럽고 튼튼한 송이를 맺은 포도나무

티 없는 산비둘기, 순백한 비둘기

비를 머금은 깨끗한 구름이라 부른다네

태양보다 더 빛나는 보석 상자

사람 손 닿음 없이 채굴한 채석장

온 땅을 모두 뒤덮는 바위

귀중품을 가득 실은, 사람 없는 배

소중한 보물

다른 이들은 또 이렇게 그분을 부른다네

심지 없이 찬란히 타는 등불

노아의 방주보다 더 길고, 고상하며 넓은 귀중한 방주

4세기 말에 태어난 헤시키우스는 수도자가 된 후 예루살렘 교회의 사제로 서품받았다. 스키토폴리스Scitopoli의 치릴로는 그에 대

해 '교회의 스승', '신학자' 그리고 '멀리서 비추는 빛'으로 칭했는데, 이는 그의 탁월한 성경 주석 실력 때문인 것으로 보인다. 실제 그는 알렉산드리아의 유비적 해석의 규칙을 적용한 성경의 열렬한 해설가로 명성이 뛰어났다.

그의 이름으로 전해 내려오는 저작들은 실로 방대한데, 그중 성모님에 관한 강론들이 가장 유명하다. 찬가 48은 '하느님의 어머니'에 관한 강론 제2편(다섯 번째 설교)의 말미에서 가져온 것이다.

세둘리우스

찬가 49

세상에 비추인 얼마나 찬란한 빛인지요

온 하늘에 얼마나 큰 은총이 있는지요

성모님의 태에서 그리스도가 나오실 때만큼

그 어떤 광채가 그러할지요

전연 본 적 없는 찬란함이라

그분은 영광의 신방에서 기쁘게 나오는

새신랑과 같나이다

그분의 아름다움은 사람들에게 가히 찾을 수 없는 것으로

그분의 용모는 감미롭게 빛나옵고

그분의 입술 위에는

감미로운 은총이 펼쳐져 있나이다

살베, 거룩한 어머니

왕을 낳으신 분이시여

그분은 하늘과 땅을 다스리시는 분

머지않아

영원 안에서 이 세상을 모두 둘러쌀 그분의 신성과 그 통치는

끝이 없으리이다

당신의 복된 태가 당신께

모성의 기쁨과 동정의 영예 모두를 주었으니

당신께서는 당신 이전과 이후의 모든 여인 중

가장 뛰어난 분이 되셨다네

당신께서는 유일한 여인, 독보적이고 견줄 이 없으신 분

그리스도께서 사랑하신 분이라네

찬가 50

동방으로부터

땅끝에 이르기까지

동정 성모님으로부터 나신
그리스도의 주권을 찬미하나이다

전능하신 만물의 창조주께서
종살이의 육신 옷
그 더러움을 입으시길 원하셨으니
이는 다름 아닌 그 육으로
생명을 주신 이들의
육을 해방시키시고
멸망에서 건져 주시기 위함이라네

천상 은총이
동정 성모님의 품을 방문하시었네
주님의 여종께서 일찍이 당신조차 모르던 신비를
당신 태 안에 맞아들이셨네

한 정결한 몸의 성소가
한순간 주님의 성전으로 변하였네
사람 손 닿지 않은 동정녀께서 아들을 낳으시었네

가브리엘이 예언했던 그분을
요한 세례자가 아직 태 안에 있을 때
알아본 그분을

건초 위에 누우신 그분께서는
구유를 경시하지 않으시었네
새들을 먹이시는 그분께서
적은 우유로 배를 채우시네

천상 성가대가 용약하고
하느님의 천사들이 찬미 소리를 드높이네
목동들에게
만물의 창조주이신 목자가 나타나시네

    이탈리아에서 태어난 것으로 추정되는 세둘리우스는 한때 그리스에 머무른 것으로 보인다. 서품을 받았고, 주교직도 수행했을 것이다. 그의 저작은 5세기경의 시들 중 프루덴시오의 작품과 더불어 가장 많이 모방되고, 읽히는 작품이다. 세둘리우스의 작품으로 전해지는 《카르멘 파스칼 Carmen Paschale》은 총 네 권으로 이루어져 있는 책으로, 성경의 여러 내용, 예컨대 옛 계약, 그리스도의 생애, 그분의 기적과 수난, 부활, 승천 등의 이야기를 서사적으로 재구성하여 확장한 것이다. 그는 서정성이 매우 뛰어나고, 창작성 또한 준수하다. 세둘리우스는 언제 출생하였는지 알 수 없지만 약 449년에 세상을 떠난 것으로 전해진다.

베드로 크리솔로고

찬가 51

동정녀께선 진정 복되시어라
동정의 명예를 지니시며
어머니의 위엄도 갖추시었네

진정 복되시어라
지극히 높으신 분의 아드님을 낳으실 자격 지니시옵고
완전한 동정의 왕관을 보존하셨으니
순결한 동정 여왕의 자리를 보존하시며
신적인 아들의 영광을 받으시었네

진정 복되시어라

하늘보다 더 위대하시고

땅에서 더 강하시며

우주보다도 넓으시니

온 세상도 담아낼 수 없는

세상을 다스리시는 그분

하느님을 당신 태에 맞아들이셨다네

당신 창조주의 어머니가 되시어

살아 있는 모든 이를 기르시는 분을 양육하시었도다

찬가 52

동정녀시여

본성이 아닌 은총으로 어머니가 되신 분

사랑이신 그분께서 당신이 어머니가 되길 원하셨으니

당신의 잉태로, 당신의 출산으로

정결이 자라나고

애덕, 완덕 그리고 동정이 더욱 강해졌도다

동정녀시여

당신은 온전히 그대로신데
우리에게 무엇을 선물해 주셨나이까
동정이신 분께서 어찌 어머니가 되셨나이까

동정녀시여
당신의 모든 것을 성장시키는 분께서는
당신께 그 무엇도 빼앗지 않으셨나이다

동정녀시여
당신의 창조주께서 당신에게 잉태되시고
당신의 근원께서 당신으로부터 태어나셨네
세상에 빛을 주신 분께서
당신으로부터 세상의 빛으로 나오셨네

 베드로 크리솔로고는 에밀리아로마냐Emilia-Romagna 태생으로 발렌티니아누스 3세와 갈라 플라치디아Galla Placidia가 통치하던 425년경 라벤나의 주교로 선출되었다. 그의 수많은 강론에는 5세기 초 라벤나에서의 귀중한 교회적 기록, 특히 성찬례의 거행과 전례 주년에 관한 기록을 찾을 수 있다. 그의 설교는 대체로 육화의 신비와 동정녀이신 하느님의 어머니를 자주 언급하고 있다.

식스토 3세(†440) 교황과 대大레오 교황(†461)의 친구이기도 했던 그는 크리솔로고, 즉 금의 말씀이라는 별명을 얻게 되었다. 약 458년에 세상을 떠났다.

셀레우키아의 바실리오

찬가 53

오, 지극히 거룩하신 동정녀시여

당신께 존엄하고 영광스러운 칭호를 드리는 이는

진리에서 벗어나지 않는 이지만

당신의 공로에는 비할 바 없나이다

하늘로부터 자애로이 저희를 굽어보소서

저희를 평화 속에 다스려 주소서

또 저희가 심판자 앞에 나설 때

두려움 없도록 이끌어 주시고

그분 오른편에 합당한 자 되게 하소서

이로써 저희는 하늘나라에 이끌려 가

천사들처럼 영원하신 삼위일체를 찬송하게 하소서

영광과 찬미가 성부와 성자와 성령께

처음과 같이 이제와 항상 영원히

아멘

    셀레우키아의 바실리오는 444/448년경부터 셀레우키아의 주교로 봉직하다 468년 세상을 떠났다. 그때는 단성론*의 위기가 가득한 시기였는데, 그는 이에 대항하여 451년 칼케돈 공의회에서 공언된 바를 바탕으로 꾸준히 정통 교리를 수호하였다. 그의 이러한 성향은 찬가 53에서도 확인할 수 있다("당신께 존엄하고 영광스러운 칭호를 드리는 이는 진리에서 벗어나지 않는 이"). 이외에도 여러 강론을 남겼다.

    이 찬가에는 구원론(상대적으로 천상적 차원의 구원을 말함)의 어조로 기도하는 것에 초점이 맞춰져 있는데, 당시에 주님의 어머니에게 전구의 요청이 꽤 구체적으로 드러나 있다는 점이 이 찬가의 특징이다.

발라이

찬가 54

오, 성모님, 당신은 복되시어라

당신 안에서 예언자들의 신비와 수수께끼가

실현되었기 때문이어라

모세에게는 불타는 떨기나무와 구름 안에서

야곱에게는 하늘로 올라가는 사다리로

다윗에게는 언약의 궤로

에제키엘에게는 봉인되어 굳게 닫힌 문으로

당신을 드러내 보이셨네

보소서, 그들의 신비로운 말이

당신의 탄생 안에서 실현되었도다
하느님께선 찬미받으소서
당신의 독생 성자를 보내시어
성모님을 통하여 당신을 드러내시고
우리를 오류에서 해방시키시며
하늘과 땅에 당신의 이름을 영광스럽게 하셨네

　발라이는 시리아어권의 시인으로, 460년경에 세상을 떠났다. 베레아 교회(오늘날 시리아의 알레포Aleppo 지역)를 책임진 것으로 보이며 서정적인 운율이 돋보이는 작품을 많이 남겼다. 그의 많은 작품이 시리아 교회 전례에 사용되고 있다.
　이 작품은 주석 방식이 주목할 만하다. 유형론이라는 주석 기법을 풍부하게 사용함으로써, 원시 구약 성경 문학의 몇몇 주요한 발자취를 재해석한다. 이를 통해 선지적인 형태로(물론 여기에는 에제키엘과 다니엘의 묵시 문학적 부분이 대부분임을 감안할 수 있다) 예언자와 관련된 상징과 신비의 성취로서의 성모님의 예형을 잘 해석하였다.

엘레우테리오

찬가 55

오, 기쁨과 감미로움에 가득 찬 천사의 인사가

당신께 건네지네

"친애하올 마리아여"

천국의 인사가

동정녀께 건네지네

그리고 천사는 말을 잇는다네

"은총이 가득한 이여"

하느님으로부터 멀어진

선조들의 단죄가 명백해졌으나

그를 초월하는 축복의 선물인 용서가

선포되었다네

오 복되신 동정녀시여

동정녀시여, 세상의 창조주께서

이미 선택하신 분이여

사람의 손길 없이 어머니 되시고

세상 이전 영원하신 하느님으로부터

어머니 없이 나신 분을

당신께서 잉태하시리라

찬가 56

오, 동정녀시여

육신의 양식뿐 아니라

당신 동정의 태 안에 내리신

천사들의 빵을 저희에게 허락하소서

저희가 하느님의 아드님을 두려워하게 하소서

하느님을 두려워하는 이는

그분의 계명을 지키고

자기 오관을 정결케 할지어니
신적인 빛의 찬란함을
볼 수 있게 하기 위함이어라
오관의 정결을 받은 이후에야
마음의 비추임이 뒤따르리라
들으소서, 오 자비로우신 분이시여
저희의 기도를 받아 주소서

오 동정녀시여, 저희를 위해 하느님께 빌어 주소서
저희가 인내하도록
그리고 그 힘을 주시기를
평화가 굳건해지고 사랑이 자라나기를
환난과 비참의 날
앙화와 비탄의 날이 다가왔을 때
유일한 하느님이신
당신의 아드님께
저희를 변호해 주소서

엘레우테리오는 456년에 태어나 투르네Tournai(플랑드르 지방의 도시로 프랑크 왕국의 수도)의 첫 주교가 되었다고 전해진다. 이 시기는 로마 제국이 멸망하고 프랑크족이 침입하는 등 혼돈의 시기였다. 그의 이름으로 전해진 작품들(설교들, 신앙 고백, 동정녀의 기도)과 일화집들의 저자성에 대해서는 아직 일치된 의견이 나오지 않았다. 그는 531년경에 세상을 떠났고, 유해는 투르네 대성당의 아름다운 석관에 보존되어 있다.

사루그의 야고보

찬가 57

오, 성모님, 당신께서는 여인 중 가장 아름다우시며

영화로 가득 차 계시나이다

정결하신 동정녀, 어머니시여

자비의 구름이시여

온 세상에 희망을 가져오셨네

당신으로 인해 이 황폐한 땅에 평화가 내려왔네

영화로움의 어선이시여

그 배로 하느님 아버지의 보물이

이 땅 위의 비천한 이들에게 보내져 그들을 풍족하게 하였다네

쟁기를 대지 않아도
소출을 내게 된 땅이시여
온 세상의 굶주림을 없앨 수확을 내려 주셨네
가지를 치지 않고도 열매를 맺은 포도나무시여
그 열매에서 나온 포도주는 슬픔에 차 있던 피조물에게
기쁨을 선물하였네
가난한 이들의 딸이시나 빼어난 영화의 어머니시여
당신의 보물로 가난한 이들을
풍족하게 만드시도다
하느님 아버지의 비밀이 쓰인 편지이시여
당신의 육신을 통해 그분께서 세상에 드러나셨으니
이 세상을 새롭게 하기 위함이었도다

오, 당신은 쓰이지도, 봉인되지도 않은 편지이오나
봉인되신 이후에야 쓰이셨으니
이 얼마나 놀라운 신비인가!
이미 봉인된 후에
신비로이 쓰였으니
열리지 않았음에도 뚜렷이 쓰였나이다

이 편지에 쓰인 것은 바로 말씀이신 그분이시니
이 편지가 읽혔을 때는
세상에 대한 선포로 빛이 비추었나이다
그분께서는 지극히 작아지셨으니 이는 그분께 쉬운 일이었네
하나 그분의 위대하심은 여전히 그분 안에 있으니
그분께선 영광받으시나이다

  사루그의 야고보는 에데사Edessa 학파의 학생이었으며, 튀르키예 에데사 지방 바트나Batna에서 주교직을 수행했다. 그는 수많은 신학 작품과 시를 저술했는데, 그중에는 '시적인 강론'인 메므레Mēmrē가 특히 유명하다. 이는 '시리아의 에프렘'의 작품과 비교된다. 성모 마리아 교리 해설을 에프렘의 발자취를 따랐기 때문이다. 사루그의 야고보는 '성령의 플루트', '동방교회의 현악기'로 불리기도 한다. 4세기 중반에 세상을 떠난 그는 마론파*, 재커바이트파*, 아르메니아 교회*에서 성인으로 공경받는다.

성모 승천 대축일 찬가

찬가 58

당신의 모성 안에서 동정을 보존하셨고

영면 안에서도 세상을 버리지 않으셨네

오, 하느님의 어머니시여!

당신은 생명의 어머니가 되시어 생명으로 들어가셨으며,

당신의 전구로

저희 영혼을 죽음으로부터 해방시키셨네

찬가 59

당신의 모성 안에서 씨 없는 잉태가 이루어졌네

영면 안에서도 그 죽음은 부패하지 않았사오니
오, 하느님의 어머니시여,
당신께서는 기적에서 기적으로 나아가셨네
혼인을 모르던 여인이 어찌
동정을 유지한 채
아이를 품에 안아 양육할 수 있겠나이까
어찌 하느님의 어머니께서
죽은 이처럼
향유를 입을 수 있겠나이까
하여 천사들과 함께 당신께 환호하나이다
"살베, 은총이 가득하신 분이시여!"

성모 승천 대축일은 그 기원을 6세기 초 예루살렘 교회에서 찾을 수 있다. 이 축일과 관련된 주제로 리비아의 테오테크노가 첫 강론을 했다고 전해진다. 600년경 마우리키우스 황제의 칙령에는 8월 15일, 제국의 모든 교회가 이 축일을 거행하도록 지시하고 있다. 찬가 58, 59는 성모 승천 대축일에 사용된 비잔틴 전례의 핵심부에서 발췌한 것으로, 이 축일은 6~7세기의 로마에도 전해져 이때부터 주요 성모님 축일 네 개가 자리 잡게 되었다.

전승에 의하면 성모 승천은 '성모님의 파스카'라고 정의되며 이는 성모님의 모성 가운데에서도 동정이 보호되신 것처럼 삶의 끝자락 '죽음의 부패'에서도 보호되었음을 의미한다. 따라서 이 영광스러운 순간을 기념한 것이다.

6세기경 익명의 저자

찬가 60

하느님의 어머니, 모든 이의 여왕이신 동정녀

삶의 폭풍우에 휩쓸리고

악의 위협을 받는 가운데

당신께 탄원하는 저희를 저버리지 마소서

하늘의 모든 권세보다 더 뛰어나신 분

성령의 후광을 받는 비둘기

사도들의 기쁨이자 자랑

예언자들과 순교자들의 화합이시여

온 세상의 도움

금으로 치장한 귀중한 탑

열두 문으로 둘러싸인 성읍

낙원

영적인 기름을 바른 보석 상자

무너질 수 없는 성곽이자 요새

피난처시여

신심 깊고 하느님을 경외하는 이들의 보호자

순결한 삶을 사는 이들의 보호자

당신을 경외합니다, 형언할 수 없는 분이시여

당신을 공경하옵고

당신의 아들이신 우리 주님 역시 찬양합니다

그리스도, 우리의 유일한 벗

심판의 날에

은총과 사랑을 찾기 위함이니

오 성모님이시여

이 찬가는 성경에서 가져온 열두 문으로 둘러싸인 성읍이라는 묵시적 상징 같은 요소와 당시에 통용되던 신심적 요소가 조화를 이루고 있다.

자체적인 신학적 발전을 찾기 힘들지만 "심판에 날"에 구원을 간청하는 것에 집중하는 종말론적 결말은 주목할 만하다.

갈리아 전례

찬가 61

하느님께 감사드림은

지극히 마땅하고 현명하며

정의롭고 유익하다네

오, 전능하시고 영원하신 하느님이시여

예수 그리스도, 우리 주님께서

세상을 찾아오셨기 때문이나이다

사랑으로, 하늘에서 내려와

동정녀 육신의 성소에서 나오셨나이다

구세주께서 사람으로 오시어 빛나시니

천사들이 노래하나이다

"하늘 높은 데서 하느님께 영광!"

그리고 기뻐 용약하나이다

땅이 영원의 왕을 맞아들였기 때문이니

복된 성모님께선 주님을 간직하신 귀중한 성전이 되었나이다

저희의 죄를 사하시기 위해

고귀한 생명을 내려 주셨나니

이에 생명이 쓰디쓴 죽음을 쳐부수었나이다

인간의 얼룩진 손길을 모른 그 태였기에

하느님을 합당히 모실 수 있었나이다

하늘나라에서 항상 살아 계시고

지금도 여전히 하늘나라에 계신 그분께서

세상에 태어나셨나이다

　찬가 61은 6세기경의 작품으로, 라틴 서방교회에서도 갈리아 지방에서 9세기까지 사용되었다. 갈리아 전례는 단신왕 피피누스(피피누스 3세)와 카롤루스 대제 치하에서, 프랑크 왕국 카롤링거 정책의 일환으로 전례가 통합되면서 쇠퇴하였다. 일반적으로 고대 로마 전례보다 외적 요소와 기도문의 형식이 더 장엄하였던 이 전

레문은 알프스 반대편 지방 교회의 풍습에 관해 알 수 있는 아주 귀중한 자료가 된다.

특히 이 서창敍唱은 '고대화' 경향을 나타내고 궤를 같이하고 있으며 성모님은 공관 복음의 내용을 통해 나타나는데, 이에 따라 다시금 그리스도 신앙 고백의 맥락 안에서 표현되고 있다.

리비아의 테오테크노

찬가 62

하느님의 어머니께 기쁨의 찬미 드리세
천사들의 합창에 우리 모두 함께하세
축일 중의 으뜸인 이 축일을 함께 지내세
평생 동정이신 성모님의 승천이어라

땅에서는 값진 보배이자 모든 동정녀의 모범이셨던 분이
하늘에서는 우리 모두를 위한 중재자가 되셨네
하느님의 선택을 받으신 분,
저희를 위해 성령의 선물을 받아 주시고

당신의 말씀으로 저희에게 지혜를 가르치시니

우리의 땅이신 하느님의 어머니,
평생 동정이신 분께서 꽃을 피우셨네
그분께서 땅 위에 계시었을 때 항상 우리를 굽어보셨으니
모든 믿는 이에게 온 세상 섭리와도 같았네
하늘로 올라가시어, 우리를 중재하시고
하느님과 당신 아드님 곁에서
인류의 확실한 피난처가 되시었네

테오테크노는 550~650년 사이에 살았던 인물로 리비아(팔레스타인 지역, 오늘날에는 사라진 도시)의 주교였다. 오늘날 시나이에서 필사본으로 발견된 동정 성모님 승천 강론의 저자로 이 작품에서 성모님 육신 승천의 신비에 대한 믿음을 드러내고 있다.

또한 성탄과 성모 승천 사이의 연관성을 신학적으로 정립하고 있다. 성모님께서 동정의 소실로부터 보호받으시고 이 특권 자체가 당신 성덕의 인장으로 작용했다면, 그분의 육신은 죽음으로부터도 손상될 수 없다는 것이다. 찬가 62는 테오테크노가 주님의 어머니에게 부여한 '중재자'로서의 기능을 명백히 드러내고 있다.

위-아타나시오

찬가 63

완전히 거룩하신 동정녀시여,

출산 이후에도 여전히 동정이신 분, 저희를 기억하소서

이 비천한 탄원을 들으시어

당신이 가진 보물의 위대한 은사를 저희에게 선물해 주소서

오, 은총이 가득한 분이시여!

저희와 모든 피조물의 찬가가

합당한 찬미의 거행으로 당신에게 올라가길 바라오니

오, 은총이 가득하신 분이시여!

하느님의 어머니, 성화의 궤이시여

저희의 첫 찬가가

당신께 '살베, 은총이 가득하신 분,

주님께서 당신과 함께 계시나이다'라고

소리 높이는 대천사의 찬미처럼 되길 바라오니

모든 세대가 당신을 복되다 일컬으리이다

천사들의 천상 위계가

손을 드높이 올린 사람들과 함께

당신을 찬미하나이다, 오 천국에서 축복받으신 분

당신께서는 땅 위에서도 찬양받으시니

'당신께서는 여인 중에 복되시며

태중에 계신 아드님 또한 복되시나이다!'

천상 어좌의 위계

케루빔과 세라핌도 드높이 찬송하나이다

'당신께서는 여인 중에 복되시나이다'

하느님을 모신 당신의 태와

아기를 먹이신 당신의 품도 복되시나이다

주님의 두 번째 위계들

주권과 권능과 힘도 당신께 찬송하나이다

'당신께서는 여인 중에 복되시나이다'

천사들과 대천사들의 세 번째 위계도
대천사 가브리엘의 목소리를 따라
위대하고 영광스러운 찬가를 드높이 부르나이다
'살베, 은총이 가득하신 분, 주님께서 당신과 함께 계시나이다'
그리고 저희도 하느님의 찬미로 가득 찬 입술로
당신께 큰 목소리로 영광 올리나이다
'살베, 은총이 가득하신 분, 주님께서 당신과 함께 계시나이다'

성모님, 여왕이시며 하느님의 어머니신 분, 저희를 위해 빌어 주소서
당신께서는 저희의 혈통이심에도
하느님께서 당신을 통해서 탄생하셨으니
당신에게서 육을 취하셨나이다

그분께 영광과 위엄, 영예
공경과 감사가 의당하니
이 모든 것이
시작이 없으신 그분의 아버지와 선하고 생명 주시는 성령과 더불어
처음과 같이 이제와 항상 영원히
아멘

아타나시오 성인의 작품들 사이에 수록된 성모 승천 강론의 저자로, 이름이 알려지지 않아 위-아타나시오라고 불린다. 비평가들은 이 인물을 알렉산드리아의 총대주교였던 아타나시오 성인 시대(373년에 선종)보다 약 3세기 이후의 인물로 보고 있다. 찬가 63은 천사와 엘리사벳의 인사말을 바탕으로 구성한, 찬미적 색채를 지닌 주석에서 가져온 것이다.

예루살렘 총대주교 모데스투스

찬가 64

살베, 지극히 거룩하신 우리 구세주 하느님의 어머니시여

당신으로 인해 그분께서 우리 안에

우리가 그분 안에 살게 되었다네

그분께서는 땅에서는 당신을 기리는 이들

하늘에서는 거룩한 천사들이

지극히 참되고 진정한 하느님의 어머니로서

당신을 공경하기에 합당케 하셨나이다

지극히 고귀하신 하느님의 어머니시여!

살베, 오 경외하올 티 없이 깨끗하신 하느님의 어머니!

그분께서는 하늘 높은 곳에서 내려오셨으나

그곳을 온전히 보존한 채로

귀향하듯 당신 품 안으로 들어오셨나이다

다름 아닌 그리스도 하느님께서

당신을 합당케 하시고

이 지상 고향에서 천상 고향으로 건너가게 하셨으니

그분께서는 당신을 통해 성인들이 기다렸던 것을 선물하셨도다

살베, 성모시여, 영적이고도 찬란한 천국이시여!

당신께서는 성령을 통해

생명과 불멸의 열매이신 분,

하느님 아버지로부터 나신 그분,

우리 하느님 그리스도를 모셨나이다

참된 믿음으로 그분의 삶에 참여하는 우리는

그분 안에서 생명 얻나이다

그분께서는 천국에서 당신을 위해

당신의 영광스럽게 된 육신으로 살게 될 성막을 마련하셨나니

당신을 통하여, 우리에게도 이 문이 열리었나이다

살베, 지극히 귀하고 찬란하게 치장된 피난처시여
당신께서는 하느님의 어머니가 되시었나이다
이 삶의 바다에서 표류하는 우리 인류는 난파된 배처럼 되었으나
당신 안에서 그분으로부터 구원을 얻었나이다
당신을 통해 생명의 선물을 받았나이다
그분께서는 오늘의 성전 안에서 당신을 영예로이 하시고
영원 안에서 당신을 영광스럽게 하시는 분이시로다

찬가 64는 모데스투스가 썼다고 알려진 성모 승천에 관한 담화 중 일부다. 모데스투스는 예루살렘 성 테오도시오 수도원의 수도원장이었으며, 호스로Cosroe 2세가 팔레스타인을 정복하는 것을 직접 목격하였다. 특히 이 시기 가톨릭 신자들이 고통을 겪는 모습을 보아야 했다. 호스로가 종교적 자유를 허락했지만, 여전히 단성론자들을 지지하고 있었기 때문이다. 이러한 어려운 상황에 예루살렘 총대주교로 봉직한 그는 페르시아 세력에 의해 무너진 교회를 영적으로 물리적으로 복원하는 데 성공하였다. 헤라클리우스가 페르시아인에게 결정적 승리(629년)를 거두었기에 다시 예

루살렘으로 돌아온 십자가 유물을 받을 수 있었다. 평화가 다시금 꽃피운 지 얼마 되지 않아 세상을 떠났다(634년). 그는 그리스 교회에서 성인으로 공경받고 있다.

예루살렘의 소프로니오

찬가 65

살베, 천상 기쁨의 어머니

살베, 우리 안에 탁월한 기쁨을 심어 주시는 분

살베, 우리를 구원하시는 기쁨의 옥좌

살베, 우리에게 영속적 기쁨을 주시는 분

살베, 형언할 수 없는 기쁨의 신비로운 장소

살베, 말로 표현할 수 없는 기쁨의 지극히 합당한 뜰

살베, 무한한 기쁨의 복된 샘

살베, 가없는 기쁨의 거룩한 보물

살베, 생명을 주는 기쁨의 나무 그늘

살베, 순결하신 하느님의 어머니

살베, 그분을 낳으신 이후에도 여전히 동정이신 분

살베, 세상 그 모든 기적보다 더욱 경탄스러운 분이여

그 누가 당신의 찬란함을 묘사할 수 있겠나이까?

그 누가 당신의 신비를 이야기할 수 있겠나이까?

그 누가 당신의 위대함을 선포할 수 있겠나이까?

당신께서는 인간 본성을 아름답게 꾸미시며

천사들의 군대를 능가하시는 분

세상 모든 피조물을 초월하시는 분이시니

저희는 당신께 찬미드리나이다

살베, 은총이 가득하신 분이시여!

560년 시리아 다마스쿠스에서 태어난 소프로니오는 예루살렘 성 테오도시오 수도원의 수도자였다. 스승이자 벗이었던 요한 모스코와 함께 로마를 방문한 이후(619년), 634년 예루살렘의 총대주교로 선출된다. 칼리파(이슬람 최고 종교지도자를 겸하는 군주)였던 오마르Omar 산하의 아랍인들이 635년 예루살렘을 포위하여 그 이듬해 정복하였을 때, 소프로니오는 이 난국을 진정시키기 위해 인내심을 가지고 협상에 나섰다. 그리고 638년에 세상을 떠났다.

그는 여러 강론을 남겼는데, 그중 성모 영보에 관한 강론에서 이 찬가를 옮겨 왔다. 이 찬가에서 천사의 인사를 통해 성모님과 관련된 여러 신학적 성찰이 나열되고 있다. 칭송이 담긴 인사ave는 마치 호칭기도처럼 반복되고 있는데, 이는 본문을 더욱 친숙하고 기억하기 쉽게 하는 효과가 있다.

콘스탄티노플의 세르지오

찬가 66

[인류]

오, 거룩하신 동정녀시여

당신의 육신이 말씀을 낳으셨으니

저희 영혼을 거룩하게 하시고

충절 안에서 저희가 살게 하소서

항상 당신을 찬미하는 저희는

이처럼 당신을 기리나이다

구원의 문이시여, 저희를 구하소서

진리의 어머니시여, 저희를 보호하소서

당신을 기리는 신실한 이들을 도와주소서

오 티 없이 깨끗하신 분이시여

수많은 넘어짐의 위험을 피하게 하소서

오 지극히 맑으신 분이여

당신 안에 희망하는 이들을

보호하시고 변호하시며 인도해 주소서

당신께 다가가는 모든 이들을

유혹에서 벗어나게 해 주소서

사악한 악마의 화살을 꺾으시고

비천하고 합당치 못한 저희 가여운 인간의

정욕을 잠재워 주소서

[시인]

믿음 안에서 당신께 이 찬가를 바치는 이를 구하소서

그 자신의 정욕을 다스리는 데 은총 주소서

열렬한 사랑으로 그가 당신을 빛내게 하소서

타오르는 열정으로 당신께 찬미하는 이를 받아들이소서

살베, 정결한 정배이시여!

610년부터 638년 세상을 떠날 때까지 콘스탄티노플의 총대주교직을 수행한 세르지오는 시리아 출신이다. 626년에 일어난 아바르(캅카스Caucaso 부족)의 포위에서 제국의 수도를 지키는 데 공헌하였다. 이 사건 이후로 아카티스토 찬가를 전례에 사용하였으며, 사순 시기 다섯 번째 토요일에 아카티스토 축일이 제정되었다.

그는 단력설(예수님께 신성과 인성 모두가 있으나 그분 안에는 단일한 신적 에너지만이 작용함)을 주장함으로써 단성론* 논쟁으로 인해 제국 내 만연했던 분열을 진정시키고자 했지만, 그럼에도 논쟁이 계속 이어지자 결국 그리스도 안에 원의가 하나로 존재하는지 두 가지로 존재하는지 더 이상 다루지 말 것을 선포하는 공의회 칙령을 발표하기도 하였다(한편 그가 주장했던 단력설은 이후 제3차 콘스탄티노플 공의회에서 이단으로 판정받았다).

세르지오의 경우 동정 성모님의 영면에 관한 콘타키온kontakion이라는 작품이 전해지고 있는데, 이는 아카티스토를 모델로 하여 승천하신 성모님께 천사들과 사도들이 모여 찬미드리는 장면을 담은 도입시와 14연의 본시 부분으로 구성되어 있다. 찬가 66은 마지막 두 연의 시 부분으로, 인류와 시인이 각각 노래하는 부분이다.

아나톨리오

찬가 67

대천사 가브리엘이 하늘에서 파견되어

갈릴레아의 마을 나자렛으로 향했네

기쁨의 소식을 한 여종에게 전하기 위함이었네

그녀에게 다가섰을 때, 천사는 이렇게 말을 건넸네

"살베, 은총이 가득하신 분, 주님께서 당신과 함께 계십니다

살베, 신성을 머금은 거처이시여

하늘도 담아내실 수 없는 분께서

당신 태 안에 들어가시나이다, 오 복된 분이시여

살베, 신실하신 분, 아담의 구원, 하와의 속량, 세상의 기쁨이시여

살베, 따스한 왕좌시여

살베, 임금의 천상적 왕좌이시여

살베, 손상되지 않은 산, 모든 영예에 합당한 거처시여

당신 안에서, 신성으로 가득한 분이 거하시니

영원하신 성부의 뜻과

성령의 작용으로 인한 것이로다

살베, 은총이 가득하신 분, 주께서 당신과 함께 계시나이다!"

   7세기경의 찬가 작가였던 아나톨리오에 관해서는 매우 희소한 자료만이 전해진다. 비잔틴 전례서에 그의 작품으로 전해지는 몇몇 찬가가 담겨 있다.

   이 찬가에서 주목할 점은 창세기에서 길어 올린 주제들(아담의 구원, 하와의 속량, 세상의 기쁨)이다. 성모님을 통해, 창세기에서 인류 타락의 원인으로 지목된 여인이라는 표상이 인류 구원의 수단으로 변화한다. 이러한 방식 안에서 하와와 성모님의 예형은 유비적 원칙에만 한정되지 않고(예컨대 하와는 '구원 경륜'의 시작점이고 성모님은 이 새로운 경륜의 으뜸이라는 시각), 타락-구원이라는 행적의 대칭성을 더욱 강조한다.

7세기경 작자 미상의 찬가

찬가 68

천사들의 감미로움, 억압받는 이들의 기쁨

그리스도인의 변호자, 주님의 동정 어머니시여

영원한 고통에서 저를 보호하시고 구해 주소서

순결한 금빛 향로인 성모님께서

지극히 높으신 삼위일체를 모시었나이다

그분 안에 성부께서 기뻐하시고

성자께서 거하시며

성령께서 당신을 감싸니, 오 동정녀시여

당신은 하느님의 어머니가 되셨나이다

당신 안에 저희는 기뻐 뛰나이다, 오 하느님의 어머니시여
당신께서는 하느님 곁에 계신 저희의 보호자
당신의 권능 어린 손을 뻗으시어
저희의 원수들을 물리쳐 주소서
당신의 종들에게 천상의 도움을 내려 주소서

　이 본문은 여러 가지의 흥미로운 특징을 보이는데, 그중 한 가지를 강조하고자 한다. 성모님께서 천사의 선포에 동의해 '삼위일체적인' 사건의 주인공이 되신다는 점이다. 사실 그분 안에서 성부께서 기뻐하시고, 성자께서 거하시며, 성령께서 성자를 잉태하게 하셨다. 그러므로 이 본문은 성모님에 관한 성찰의 역사에서 중요한 발전 단계를 보여 주고 있다.

성모님의 애가

찬가 69

생명이신 그리스도님

당신께서 무덤에 들어가셨으니

놀라움에 사로잡힌 천사들의 군대가

당신의 순종에 영광을 드리나이다

지극히 맑으신 분께서 통곡하나이다

어머니의 눈물이 당신께 흐르나이다, 오 예수님

그분은 부르짖나이다, 내가 어찌 당신을 묻으리오?

땅의 품에 묻힌
한 알의 밀알처럼
당신께서는 열매를 품은 이삭을 내셨으니
아담에게서 내려온 죽은 이들을 살리셨음이로다

제 어린 양의 죽음을 본 암양이
고통에 짓눌려 애통해하니
모든 양 떼 이 애가에 동요하여
그분과 함께 울부짖나이다

"오 세상의 빛이시여, 저의 빛이시여
제 가장 사랑하올 예수님!"
동정녀께서 흐느끼며
슬픔에 겨워 탄식하나이다

"오, 말씀이신 하느님, 나의 기쁨이시여
나 어찌 이 사흘을 견딜 수 있겠나이까?
이제 이 어미의 속은 끊어질 것 같나이다
내 사랑 예수님 앞에서 우는 나를 위해

누가 제게 눈물샘과 비를 주시겠나이까"
하느님의 정배이신 동정녀께서 부르짖나이다

"산과 계곡들
온 민족들과 세상이여
울어라, 하느님의 어머니인 나와 함께 애통해하여라

오 시작 없는 빛이신 구세주님
제 마음의 기쁨과 환희이시여
제가 언제쯤 당신을 뵈오리까"
동정녀께서 흐느끼며 부르짖나이다

오, 지극히 맑으신 하느님의 어머니시여, 당신을 찬미하나이다
우리 하느님이신 당신의 아드님께서
사흘간 무덤에서 지내심을 믿음으로 경외하나이다

찬가 70

"당신께서 생명을 주심을
십자가 아래에서 당신 팔을 뻗으심을

원수의 권세를 쳐부수심을 칭송함은
참으로 마땅한 일이나이다
오 아들이시여, 당신께서는 여인 중 저에게만
고통 없이 당신을 낳게 해 주셨으나
이제 저는 산모가 마주하는
견딜 수 없는 고통에 짓눌리나이다"
거룩하신 분께서 외치시네

"죽게 될 인간의 타락한 본성을 새롭게 하기 위해,
저는 제 육신의 죽음으로
기꺼이 처벌받기를 원하였으니
오 어머니, 슬퍼하지 마십시오"

그리스도님,
당신의 어머니께서 당신께 눈물의 잔을 바치나이다
당신께서 무덤에 누워 계실 때 부르짖나이다
"일어나소서, 당신께서 이미 말씀하신 것처럼!"

오 말씀이시여, 당신께서 십자가 위에

못 박히심을 보는 동안

당신의 어머니께서는

가혹한 고통의 못과 화살로

영혼에 깊은 상처를 입으셨나이다

세상의 감미로움 자체인 당신께서

신 포도주를 입에 대실 때

어머니께선 쓰라린 눈물로 얼굴을 적시셨나이다

"저는 진정 무너져 내렸습니다

당신의 부당한 죽음 앞에서

제 속은 끊어진 지 오래, 오 말씀이시여"

티 없이 맑은 분께서 애통 가운데 부르짖네

오 구세주님, 땅 아래로 지시는 정의의 태양이시여

당신께서 낳으신 달이신 어머니

당신을 더는 뵈올 수 없어

슬픔으로 무너져 내리시네

"당신께서 사랑하신 제자를 보소서

오 아드님이시여 당신의 어머니를 보시고
당신의 지극히 감미로운 말씀 한마디를 저희에게 주소서"
티 없이 맑은 분께서 흐느끼며 부르짖네

"아아, 아들아!" 남자를 모르는 분께서 울부짖으며 말씀하시니
"내가 왕으로 모셨던 그분이
이제 선고를 받아 십자가에 매달려 계시는구나

가브리엘은 내게 내려와 말했다네
나의 아들 예수님의 왕국은
영원할 것이라고
아아 시메온의 예언이 이렇게 이루어지는구나
당신의 창이 나의 마음을 꿰뚫을 것이라고
오 임마누엘이시여!"

말씀이시여, 티 없이 맑으신 당신의 어머니께서
무덤 안에 계신 당신을 보며 애타게 우시나이다
영원하시며 형언할 수 없으신 하느님이시여

찬가 71

오 저의 그리스도님, 모든 세대가
당신의 무덤 앞에서 슬픔의 찬미 올리나이다

오 말씀이시여, 죽음에 누워 계신 당신을 보며
티 없이 맑으신 분께서 어머니의 애가를 부르나이다
"오, 저의 감미로운 봄이시여, 내 가장 감미로운 아들이시여
당신의 아름다움이 어디로 지게 되었나이까?"

오 말씀이시여, 당신의 지극히 정결하신 어머니께서
당신의 죽음 앞에서 비탄의 노래를 부르나이다

어린 암소가
나무에 매달린 자신의 송아지를 보며 애통해하듯

동정녀께서는 차오르는 눈물을 흘리시며
애끓는 마음으로 우시나이다

"오 제 눈의 빛이시여, 제 가장 감미로운 아들이시여

어찌 당신께서 무덤 안에 숨어 계시나이까?"

"오 어머니, 아담과 하와를 해방시키기 위해
저는 이 고통을 겪습니다. 울지 마십시오"

"제 아들이시여 당신의 크나큰 자비에
영광을 드립니다
이를 위해 당신께서는 이 고통을 겪으셨나이다"

오 그리스도님, 십자가를 바라보며
티 없으신 성모님께서는 비통에 울부짖으며 당신께 말씀하셨나이다
"죽은 이들 가운데 머물지 마소서, 오 생명이시여!"

예전에 온 집안이 라헬의 아들을 위해 울었듯
이제 사도들의 합창단이 어머니와 함께
동정녀의 아드님을 위해 애도하네

오 자비로우신 분이시여, 당신께서는 예전 맛을 없애기 위해
초와 담즙에 입을 대셨네

한때 구름 기둥으로 사람들을 보호하시던 당신께서
십자가의 처형장에서 당신께서는 매를 맞으셨네

"일어나소서, 생명을 주시는 분이시여"
당신을 낳으신 어머니께서 울며 말씀하시네

"말씀이시여, 어서 일어나소서
당신의 정결한 어머니의 고통을 덜어 주소서"

당신의 지극히 정결한 어머니께서 우시며 애도하나이다
당신의 죽음 앞에서, 오 저의 구원자시여

오 동정녀시여, 당신 종들이
감히 당신 아드님의 부활을 볼 수 있게 하소서!

    십자가 발치에서의 성모님이라는 주제는 이미 시리아 사람 에프렘(4세기)에 의해 간략하게 제시되었으며, 멜로디스트 로마노스 Romano il Melode에 의해 극적으로 꽃피웠고 성주간의 비잔틴 전례 안에서 크게 발전하였다. 찬가 69~71은 이러한 애가 가운데서 선별한 것이다. 돌아가신 그리스도에 대한 이러한 애가는 성토요일 아침 전례에 사용되는 것으로 총 180여 편이 전해 내려오며 세 부분으로 나눌 수 있다. 이 애가는 약 7세기의 것으로 추정된다.

일데폰소

찬가 72

살베, 자비의 시내

은총이 흐르는 평화의 강

청결의 찬란함, 골짜기의 이슬

용서의 어머니, 하느님의 어머니시여

살베, 당신 자녀들의 유일한 구원

장엄한 주권의 왕좌

여행자의 쉼터, 그리스도의 성전이시여

생명의 길, 순결의 백합

살베, 그리스도의 정배

사랑스러운 단아함으로 피어난 꽃

겸손한 여종이시여

완전한 아름다움이시자 공경이 합당하신 분

그 어떤 여인도 당신과 같지 못했으니

저희는 당신께 찬미드립니다, 공경하올 분이시여

당신의 영은 깨끗하고 마음은 소박하며

육신은 정결하나이다

당신은 너그러우시며 자비하신 분

하느님께 사랑스럽고 모두에게 사랑받는 분

당신을 체험한 이는

당신을 여전히 열망하며

당신의 성스러운 감미로움에 여전히 목말라하나이다

당신을 사랑하고 찬미하려는 이의 열망은

바람 잘 날 없다네

찬가 73

당신의 은총에 힘입어, 오 지극히 거룩하신 동정녀시여

저희의 사슬이 풀어지고

빚이 탕감되며

제가 가져온 해악이 치유되기를

제 안에 있는 옛 인간이 다시금 새로이 나고

연약한 것이 강해지며

무너진 것이 다시 복구되고

불온전한 것이 고쳐지기를

당신의 선으로

제 원의가 강력해지며

정신이 비추어지며

영혼이 불타오르고

마음이 부드러워지며

혀가 감미롭게 되고

용모가 아름답게 되기를

저를 도우소서, 밝히 빛나는 등잔이시여

저를 다시 나게 하시는 달콤함

저를 강하게 하시는 힘

저를 지탱하시는 버팀목

제 입술로부터

모든 거짓된 말과 나쁜 말을
제 마음으로부터 모든 어두운 생각을
제 영혼으로부터 모든 악한 행위를 멀리하소서
당신의 은총이
제 모든 삶을 이끌어 주시기를
아멘

　일데폰소는 톨레도 아갈리Agali 수도원의 수도원장이었으며, 667년 세상을 떠날 때까지 톨레도 주교로 봉직하였다. 그는 많은 작품을 남긴 작가이자, '하느님의 어머니' 교리의 신학자로 잘 알려져 있다. 스페인에서는 그의 대표작 《성모님의 동정성La verginità di Maria》이 성모님 관련 작품의 기초로 자리 잡았다. 신학적 가치가 담긴 저술 외에도 교부들의 위대한 유산을 다룬 작품도 썼다. 특히 《저명한 사람들에 대하여De viris illustribus》는 스트리돈의 예로니모 작품을 현실적 감각을 통해 이상적으로 따르고 있다. 여기에는 열네 명의 스페인 주교가 등장하는데, 그중 일곱 명이 톨레도의 주교다. 신비롭고 전설적인 그 형태는 엘 그레코El Greco의 화폭畫幅에도 영감을 주었고, 로페 데 베가Lope de Vega의 희극 《동정녀의 사제El capellán de la Virgen》에도 영향을 주었다.

콘스탄티노플의 제르마노

찬가 74

오, 저희 유일한 안식이시여

거룩한 이슬이시여, 목마름을 잠재우는 분이시여

하느님께서 제 마음의 메마름에 내리시는 비

제 영혼의 암흑을 비추는 등잔

제 여정의 안내자

제 연약함의 버팀목

제 헐벗음을 덮으시는 옷

제 비참을 잊게 하시는 풍요

제 아물지 않는 상처를 치유하시는 약

제 눈물과 탄식을 끝내 없애시는 분
제 모든 불행에서의 벗어남
제 고통의 위안
제 종살이에서의 해방
제 구원의 희망이시여……

이루어지소서, 오 저의 어머니
이루어지소서, 제 피난처, 저의 생명, 저의 도움
저의 방패, 저의 영광
저의 희망, 저의 요새
천국 본향에서의 아드님의 헤아릴 수도 형언할 수도 없는 은총을
제게 허락하소서
당신께서 당신의 원의와 일치된 힘을 지니심을
저는 잘 알고 있나이다
당신께서는 지극히 높으신 분의 어머니시기에
저는 감히 이를 믿고 의지하나이다
제가 이 기대에 실망하지 않을진서
오, 지극히 깨끗하신 여왕이시여

찬가 75

당신의 도움은 힘 있으니, 오 하느님의 어머니시여
저희에게 구원을 가져오나이다
하느님께 저희를 변호하실 가장 탁월한 분이시네

당신께서는 참된 생명의 진정한 어머니
인간을 새로이 만드시는 누룩
하와의 치욕으로부터 해방시키시는 분

그 누구도 당신이 아니고서는
하느님을 당신 품에 합당히 모실
은총을 얻을 수 없다네……

하여 고통받는 모든 이가 당신께 의지하고
아픈 이 모두 당신께 의탁하네

타오르는 분노로부터 저희를 멀리하시고
괴로움과 악마의 유혹을 물리쳐 주소서
아드님으로부터 이름을 얻은 저희에 대한

당신의 위대한 사랑으로

정당한 징벌과 합당한 단죄로부터 저희를 피난시키소서

하여 그리스도의 백성은

자기의 비천한 상태를 알며

당신께 신뢰하는 마음으로 기도를 의탁하며

이를 하느님께 전해 주시길 청하나이다

그들은 희망을 넘어서

청하는 모든 것을 얻노라 확신하노니, 오 거룩한 분이시여

이는 이미 수없이 체험한 행복한 기억

저희에게 부어 주신 당신의 한량없는 은총으로 인한 것이나이다

당신 호의로 저희 청을 들어주시길

계속해서 기도드리나이다

이럴진대 그 누가 당신을 복된 분이라 부르지 않겠나이까?

믿는 이가 두려움에 사로잡히거나 돌에 걸려 넘어진다면

이내 당신 이름으로 보호를 청하나이다

저희는 당신께 경탄하나이다
변함없는 희망, 확실한 보호
안전한 피난처, 기꺼운 변호인
영속적인 구원, 항상 준비되신 도움
완벽한 보호, 함락될 수 없는 성벽
기쁨의 보물, 흠 없는 정원
단단한 바위, 샐 곳 없는 참호
강력한 도움의 탑
풍랑을 만난 이의 항구
심란한 영혼을 위한 평온
죄인들의 피난처, 낙담한 이들의 안식처
유배인들의 귀향, 추방된 이들의 귀환
원수들의 화해, 악인들에 대한 심판
저주받은 이들에 대한 축복
혼란한 영혼에 내리는 이슬
무너지고 시든 초목의 생명과 활력

성경은 당신에 대해 말했나이다
우리의 뼈가 풀처럼 돋아나리라고

당신께서는 목자와 어린 양의 어머니
모든 선익을 보여 주시는 중재자시나이다

제르마노 주교(콘스탄티노플, 635~733년)는 레오 이사우리쿠스 Leone Isaurico(레오 3세) 황제의 성상 파괴가 일어났던 시기의 성인이다. 제르마노는 성상 파괴를 매우 격렬히 반대하여 폐위되었고 96세의 고령이었음에도 유배를 떠나게 되었다. 그의 강론은 아홉 개가 전해지는데, 그중 일곱 개가 성모님에 관한 내용이다. 이는 그가 얼마나 성모님을 열렬히 모시는 사도였는지 보여 준다. 그가 동정 성모님에 대해 이야기하며, 찬미하는 어조는 후에 클레르보의 베르나르도의 저술에도 반향되어 있다.

이 찬가에서 제르마노가 그려낸 특징은 매우 놀랍다. 합창의 어조가 아닌 지극히 개인적인 심리를 극대화하여 표현하는 형식을 취하기 때문이다. 이 형식을 통해 성모님에 대한 찬양과 그 신학의 영역에 있는 기도문은 인간 존재에 결부된 고통과 고뇌를 표현하게 된다. 그리하여 이 찬가에서는 주님의 어머니이신 그분께서 인류학적 존재로 그려질 여지가 있다.

크레타의 안드레아

찬가 76

기뻐하라, 의로운 이들이여, 하늘이여 환희가 가득할지어다

산들아, 춤추어라, 그리스도께서 탄생하셨다

동정녀께서 케루빔처럼 앉아 계시니

두 팔에 하느님, 육이 되신 말씀을 안고 계시도다

목자들은 아기에게 영광 드리고

동방박사들은 스승에게 선물을 드리네

천사들이 노래하도다

"지극히 존귀하신 주님, 영광이 당신께 있나이다!"

오, 테오토코스이신 동정녀시여, 당신께선 구세주를 낳으셨으니

하와의 저주를 없애 버리셨도다

당신께서 성부의 은혜로 하느님이신 분, 육화된 말씀을

태 안에 모신 어머니가 되셨으니

이 신비는 이성으로 이해할 수 없으며

오직 믿음으로 우리 모두 영광 드릴 뿐이로다

우리는 외치나이다

"존귀하신 주님, 영광이 당신께 있나이다!"

오너라, 구세주의 어머니께 찬미 노래 부르세

그분을 낳으신 이후에도 그분은 여전히 동정이시네

살베, 왕이신 하느님의 생기 있는 도성이시여

그 안에 그리스도 살아 계시니

우리 구원을 이루신 분이시로다

저희는 가브리엘과 함께 당신께 찬미드리고

목자들과 함께 당신께 영광 드리나이다

"오, 테오토코스시여, 당신께서 육을 입히신 분께

저희를 위하여 빌어 주소서

저희 영혼을 구원하시도록"

찬가 77

오, 동정녀시여, 당신으로부터
마치 한 번도 깎이지 않은 산처럼
모퉁잇돌이신 그리스도께서 태어나시어
나뉘어진 모든 본성이 결합되었나이다
이로 저희는 기뻐하며
당신을 기리나이다, 오 테오토코스시여!

오너라, 티 없는 마음으로
정결한 영혼으로 왕의 따님을 기억하세
교회의 찬란함
금보다 더 빛나시는 분
그분을 기리세!

살베! 기뻐하소서, 위대한 왕의 정배시여
당신께서는 당신 정배의 아름다움을 보시나이다
당신 백성과 함께 외쳐 주소서
"오, 생명을 주시는 분이시여, 당신을 기리나이다!"

오 구원자시여, 당신의 천상 도움을
교회에 내려 주소서
그분은 다른 신을 도무지 모르오며
당신 아닌 해방자를 알지 못하나이다
당신은 그분을 위하여 생명을 주신 분
앎으로 당신께 영광 드리나니

당신 백성의 간청을 들어주소서
오, 하느님의 어머니, 동정녀시여
당신 아드님께 끊임없이 전구해 주소서
당신을 찬미하는 저희 모두가
위험과 유혹에서 해방될 수 있도록
당신은 저희의 중재자
저희의 희망이시나이다

　　크레타의 안드레아는 비잔틴 교회의 설교자이자 찬가 작가이다(660년경 다마스쿠스 출생, 740년경 미틸레네Mitilene에서 선종). 처음에는 예루살렘의 산 사바 라브라* 수도자로 활동했고, 이후 성직자가 되었다. 700년경 그는 크레타섬 고르틴Gortina의 대주교로 선출된다. 단의론* 이단과 맞섰으며, 이콘* 문화를 보호하기 위해 힘썼다. 동시대 인물이었던 위대한 찬가 작가 다마스쿠스의 요한처럼, 비잔틴 전례서에 그의 작품들이 수록되어 있다. 전해지는 그의 작품은 전례 성가, 긴 분량의 시적 찬가가 있다. 더불어 그는 9개의 송시로 나눠진 긴 시적 구성 찬가인 '카논'*이라는 장르를 만든 인물이라고 여겨진다. 크레타의 안드레아는 이외에도 수많은 강론과 찬가로 성모님을 기렸다.

다마스쿠스의 요한

찬가 78

오, 은총이 가득하신 분

모든 피조물이, 천사들의 군단이

온 인류가 당신 안에서 기뻐 뛰나이다

축성받은 성전이자 영적 낙원이시여

동정녀들의 자랑이시여

당신을 통해 하느님께서 육신을 취하시어

그분께서, 세상 이전에 계셨던 하느님께서

아기가 되셨도다

실로 당신 품 안에서

그분은 왕좌를 마련하시어

하늘보다 넓게 만드셨도다

당신 안에서, 오 은총이 가득하신 분이시여

모든 피조물이 기뻐하나이다

영광이 당신과 함께

찬가 79

오, 가장 아름답고 감미로운 여종이시여

가시 사이에 핀 백합이시여

다윗의 왕족

비옥한 뿌리에서 자라신 분이시여

당신으로 인해 그 왕권이

풍요로운 사제직을 갖추게 되었다네

오, 유다인의 가시에서 꽃피운 장미이시여

당신께서 그 신적 향기로 세상을 채우시도다!

오 아담의 딸이시여, 하느님의 어머니시여

당신께서 나오신 태는 복되고

당신을 끌어안은 팔은 복되도다

당신의 순수한 입맞춤에 기뻐하셨던

당신 양친의 그 입은 복되어라
오늘 세상의 구원이 시작되었도다!

찬가 80

살베, 안나의 지극히 사랑스런 따님이신 성모여!
당신을 향한 사랑에 저는 새로이 이끌리나이다
당신의 그 고귀한 품위를
어찌 제가 합당히 표현하리이까
당신의 옷을
당신 용모의 아름다움을
젊은 나이부터 보이신 그 신중한 발걸음을
어찌 표현하리까
당신의 옷은 검소했고
그 모든 사치와 허영과 거리가 멀었으며
당신의 걸음은 급하지도, 활기 없지도 아니하여
그저 단정했나이다
당신의 행동은 진중했고
동시에 당신의 젊은 활기로 기쁨을 주었으나
사내들 앞에서는 신중하셨나이다

이는 갑작스러운 천사와의 대화에서 보여 주신
당신의 두려움에서 드러나나이다
당신은 부모님을 온순과 존경심으로 대하였으며
사려는 깊고 영혼은 겸손하셨나이다
당신의 양순한 영혼에서 나오는 대화는
매우 사랑스러웠나이다

요컨대 당신 안에 하느님의 합당한 거처 외에
무엇이 있겠나이까?
의당히 모든 세대가
당신을 복되다 하리니
당신은 인류의 영광이시기 때문이나이다
당신은 사제들의 자랑
그리스도인의 희망
동정의 비옥한 초목
당신으로 인해 동정의 아름다움이 모든 곳에 퍼지네
당신은 여인 중에 복되시며
태중의 아기 또한 복되시나이다!

찬가 81

저희 역시 오늘

당신을 환대하나이다, 오 저의 주인이시여!

반복하나이다, 주인이시여! 하느님의 어머니 동정녀시여

당신에 대한 희망에

굳건하고 흔들리지 않는 닻처럼

당신께 저희 영혼을 묶어두나이다

저희의 영혼, 저희의 마음을

저희의 육신, 저희의 온 존재를 당신께 바치나이다

저희는 온 힘 다해 당신을 기리고자 하나이다

시편으로, 찬가로 그리고 영가로

당신의 존엄함이 요하는 만큼

저희가 합당히 당신을 기릴 수가 없기 때문이나이다

만일 거룩한 말씀이 가르치시는 대로

종들에게 수여되는 영예가

그 주인에 대한 사랑을 증거한다면

주님의 어머니를 어찌 우리가

찬미하지 않을 수 있겠나이까

온갖 방법으로 노력해야 하지 않겠나이까

그분께서 저희에게 생명을 주신 순간이

저희의 숨보다 더 낫지 않겠나이까

이러한 방식으로 주님에 대한 저희의 사랑을 보여 드리고자 하나니

주님께 감히 더 무어라 말씀드리겠나이까

사실 당신의 기억을 경건히 찬미하는 이들은

지극히 귀중한 당신의 기억이라는 선물로 흡족하리니

그는 영원할 기쁨의 가장 숭고한 표현이 되리라

자신의 영혼을 당신에 대한 거룩한 기억의 거처로 만드는 이는

그 어떤 기쁨이, 그 어떤 선물이 부족하리이까

 675년경 시리아의 다마스쿠스에서 태어난 요한은 비잔틴 민족과 아랍 민족의 관리 가문 출신이다. 적절한 교육을 받고 성읍을 다스리는 아버지의 총독직을 이어받았다. 718년경 수도자가 된 뒤 사제 서품을 받았으며, 설교와 작품 활동을 활발히 이어 나갔다. 신학적, 주석적, 수덕신학적, 전례적 작품들을 많이 남기고 749년에 세상을 떠났다. 그는 성모님에 관한 신비를 강론과 찬가를 통해 자주 기념하였는데, 이 찬가는 오늘날에도 비잔틴 교회 전례서에 유산으로 내려온다. 그 안에서 발견되는 성모님께 대한 찬미와 그분의 전구에 대한 굳건한 요청은 잊을 수 없을 정도로

강렬하고 완벽한 수준이다. 이는 당시 다마스쿠스 지역의 관념에서 그 신학적 성찰은 성모님께서 의심의 여지 없이 빼어난 모범으로 자리 잡았던 수도 생활에서 매우 중요했기 때문이었다.

그는 체계적 신학자라기보다는 영성 작가에 더 가까웠다. 특히 지금 소개된 찬가를 보면 주님의 어머니에 관한 관상을 발견할 수 있는데, 이는 시적 어조로 작성되었다. 이러한 어조는 중세 시기의 많은 세속적 사랑의 시에도 영향을 주었다.

에티오피아의 아나포라

찬가 82

오, 성모여, 광대한 하늘이시여, 땅의 기초시여

바다의 심연, 태양의 빛

달의 아름다움

하늘 별의 찬란함이시여

케루빔보다 더 위대하시고

세라핌보다 더 탁월하시며

불 수레보다 영광스러우신 분

당신의 품은

인간이 두려워하는 위엄을 지니신 하느님을 품으셨으니

당신의 태는 타오르는 숯을 담으셨고

당신의 무릎은 사자를 받쳐 들었으니

그 위엄은 두려울 정도라네

당신의 손은 만질 수 없는 그분을

그분 안에 있는 신성의 불꽃을 어루만진다네

당신의 손가락은 불타는 집게와 같으니

예언자가 천상적 봉헌의 숯을 받았던 것이라네

당신은 이 타오르는 불의 빵을 담는 바구니

이 포도주를 담는 성배시라네

오 성모님, 당신 품에

희생의 열매를 맺으신 분이시여

이 성전의 자녀인 저희는

저희를 모략하는 적들로부터 보호해 주시길 청하나이다

물과 포도주가 섞이지 않듯

저희가 당신과 구원의 어린 양이신 당신의 아드님으로부터

갈라지지 않도록 당신께 간청하나이다

 아나포라(후렴 시)*는 전례 양식이다. 에티오피아 아나포라는 8세기경의 것으로 전체가 성모님께 봉헌되었다. 이 시의 제목은

'성모님을 기리는 아나포라Anafora in onore di Maria'이며, 제시된 시는 그중 감사를 표현하는 끝부분에서 발췌한 것이다.

우리는 이 찬가에서 이전에는 찾아보기 힘들었던 표현, 예컨대 '당신의 태는 타오르는 숯을 담으셨고' 등의 생동감 넘치는 이미지를 발견한다. 이는 당시의 동방 수도 전통과 그 신학과는 다소 결을 달리하는 것이었다. 일례로 여기에서 우리는 본래 성찬례를 연상케 하는 '바구니'와 '잔'의 이미지를 발견하는데, 바로 빵과 포도주가 그리스도의 몸과 피로 변하는 그 전례의 정점에 성모님이 상기되는 것이다. 이와 같은 성탄과 교회의 성찬례 사이의 연결은 마리아론에 있어서 매우 혁신적인 발전의 움직임이다.

콥트교회의 성모 성월 찬가

찬가 83

당신을 어떻게 부를 수 있겠나이까, 오 지극히 거룩하신 동정녀시여

당신은 이미 형언할 수 없는 분을

이 세상 그 무엇보다 더 뛰어나신 분을 모시었으니

당신을 어떻게 부를 수 있겠나이까, 위대한 임금의 성채이시여

왕 중의 왕의 화려한 성읍이여

당신을 어떻게 부를 수 있겠나이까

맏이들과 천상 군대가 노래 부르는 교회이시여

당신을 어떻게 부를 수 있겠나이까, 거룩하고 빼어난 사다리
그 정점 위에는
천사들이 찬미하는 주님께서 계시네

당신을 어떻게 부를 수 있겠나이까, 완전한 정배시여
우리 주님이신 예수 그리스도
임마누엘을 낳으신 분

당신을 어떻게 부를 수 있겠나이까, 두 번째의 새 하늘이시여
당신은 정결한 천사들의 영적 옷이시니

당신을 어떻게 부를 수 있겠나이까, 영적 그물이시여
당신은 선조들과 예언자들의 무리를
낚아 올리시는 분

당신을 어떻게 부를 수 있겠나이까, 당신을 누구에게 비견하리까
제가 당신을 어떻게 형언하겠나이까
오 거룩하신 동정녀, 평화를 주시는 분이시여

당신과 같으신 분이 없었기에

하느님께선 당신께 증언하셨으니

당신을 선택하시고 거룩하게 만드셨도다

성부의 아드님께서는 당신 안에 있는 것을 좋아하셨네

아홉 달 동안 당신 배 속에 머무르셨네

성령께서 당신 위에 내려

당신을 거룩히 하셨네, 오 동정 성모여!

당신을 어떻게 부를 수 있겠나이까, 오, 두 번째 새 하늘이시여

당신께서는 저희에게 하느님을 낳아 주셨으니

당신 품에 안기신 그분 아니시나이까

당신을 어떻게 부를 수 있겠나이까, 오 시온, 오 예루살렘이시여

당신 안에서 모든 성인의 기쁨을 찾을 수 있나니

당신을 어떻게 부를 수 있겠나이까, **빼어난 향기의 산이시여**

그 위에 우리 구세주

하느님의 아드님께서 살고 계시지 않나이까

당신을 어떻게 부를 수 있겠나이까, 아브라함의 성막이시여
하느님과 그 정결한 천사들을 모시지 않으셨나이까

당신을 어떻게 부를 수 있겠나이까, 아론 사제의 옷이시여
그 옷은 입는 순간
하느님께서 당신 백성에게 자비를 보이시나니

당신을 어떻게 부를 수 있겠나이까, 오 정의, 자비이시여
예언자의 목소리로 이 정의와 자비가
서로 만나나니

동정녀께서는 자비이시고
우리 구원자께서는 정의시로다

성모님께서는 그분을 낳으셨고
그분은 저희를 죄로부터 구원하셨도다
오, 동정 마리아시여, 찬미하나이다!

찬가 84

오, 정결하신 정배이시며, 평화를 가져오시는 분
말씀의 어머니, 동정녀시여
오, 성모님, 하느님의 어머니시여
저희 위해 그리스도께 자비 청하고
저희 위해 중재해 주소서
오, 성모님, 하느님의 어머니시여

하느님, 당신께서는 자비의 하느님이시니
저희를 당신 자비로 비추어 주소서
이 정배의 전구로 저희에게 허락하소서
오, 성모님, 하느님의 어머니시여

하느님께 찬가를 불러라, 오 믿는 이들의 백성이여
이분께서는 동정이시어라
오, 성모님, 하느님의 어머니시여

주님, 당신의 자비로
저희를 지켜 주시고 보호하소서

저희가 공경하는 그분의 중재로
오, 성모님, 하느님의 어머니시여

오, 성모님 당신 태중의 아기는 복되시나이다
당신께서는 그리스도를 낳으셨으니
믿는 이들을 기억해 주소서
오, 성모님, 하느님의 어머니시여

저희와 항상 함께하소서
오, 성모님, 하느님의 어머니시여

오, 삼위일체의 한 분이신
우리 주 예수 그리스도,
당신께서는 동정녀에게서 육을 취하셨나이다
오, 성모님, 하느님의 어머니시여

오, 모든 이의 구원자시여, 모든 사람의 생명이여
저희 가운데 항상 머무르소서
성모님, 하느님의 어머니신 그분을 통해

우리 조상들의 하느님

우리 성조들의 주님께서

당신으로부터 육을 취하셨네

오, 성모님, 하느님의 어머니시여

모든 왕국의 하느님

왕이신 주님께서

여왕 안에서 육을 취하셨네

오, 성모님, 하느님의 어머니시여

당신께 간청하나이다, 우리 하느님이시여

저희에게 해방과 구원을 주소서

하느님 어머니의 전구를 통해

오, 성모님, 하느님의 어머니시여

당신의 위대한 유산을 축복하시고

저희에게 구원과 인내를 주소서

거룩하신 그분의 중재로

오, 성모님, 하느님의 어머니시여

모든 이가 그분께 영광 드리기를!

모든 혀가 그분을 기리기를!

금의 화로

그리스도인의 생명

동정녀의 영광

엄선된 깨끗한 금이시여

오, 성모님, 하느님의 어머니시여

오 성모님, 당신은 진정 모든 이의 도움

모든 이의 생명이시니

하여 저희는 매 순간 당신께 탄원하나이다

오, 성모님, 하느님의 어머니시여

이집트의 콥트교회의 그리스도인은 한 달을 성모님께 봉헌하는데, 이달을 '키악Kiahk'이라고 부른다. 콥트어와 아랍어로 구성된 《콥트교회의 교부들의 유산에 따른 키악 달의 거룩한 시편집》이라는 전례서는 8세기에서 9세기 사이의 것으로, 성모님을 기리는 찬가, 영가, 영적 성찰을 담은 매우 방대한 저작이다.

한편 콥트교회 학자인 P. G. 잠베라르디니Giamberardini는 이 본문을 연구해 이와 관련하여 광범위한 이탈리아 편역본을 출간하였다. 두 찬가는 이 책에서 가져온 것이다.

테오도로 스투디타

찬가 85

오, 구름을 뚫고 하늘로 솟아오르시는 분이시여

지극히 거룩한 지성소에

당신을 찬미하는 환희 소리와 함께 들어가소서

온 땅을 축복해 주소서, 오 하느님의 어머니

당신의 전구로

저희에게 온화하고 차분한 날을 허락하시고

좋은 시기에 비를 내려 주시어

바람을 잠재우시고 땅을 비옥하게 하소서

교회에 평온을 허락하시고

믿음을 굳세게 하시고
성좌를 지켜 주시며
야만인의 침략을 막아 주시어
온 그리스도인 백성을 보호하소서

759년 콘스탄티노플에서 태어난 테오도로는 두 형제, 한 자매와 함께 수도자의 길을 걸었다. 스투디오스* 수도원장을 역임하였던 그는(스투디타라는 그의 이름이 여기서 유래되었다) 그리스도교 교리와 성상 문화를 보호하기 위해 투쟁하며 고달픈 삶을 살았다. 세 번이나 유배를 갔으며 826년에 유배 중에 세상을 떠났다.

테오도로는 비잔틴 전례서에 실린 수많은 찬가 이외에도 방대한 양의 서간과 수덕 생활에 관한 논고, 강론집과 여러 시를 남길 정도로 활발하게 저술 활동을 하였다. '테오토키아Theotókia'(하느님의 어머니를 기림)와 '스타우로테오토키아Staurotheotókia'(십자가 발치의 어머니를 기림)를 기억하는 성모님 찬가들은 그와 그의 수도원 형제들, 곧 스투디오스 수도자들로부터 유래되었다고 전해진다.

요셉 스투디타

찬가 86

오 지극히 정결하신 여종이시여

제 영혼의 투박한 풍랑을 잠재우소서

오직 당신만이 이 땅 위에서

세상의 악 속에서 항해하는 이들의 항구로 드러나시나이다

빛을 낳으신 분이시여

티 없이 깨끗하신 분, 제 마음의 눈을 밝혀 주소서

당신께서는 이 땅 위에서

저희의 보호, 요새이자 영광으로 선물 되신 분

당신께서는 저희에게 탑과 같고

확실한 구원으로 주어졌나이다, 오 여종이시여

하여 저희는 더는 원수들을 두려워하지 않으며

당신을 열렬히 찬미하리이다

　요셉 스투디타는 테오도로 스투디타(†876)의 형제로 함께 많은 역경을 견뎠다. 726년에 태어나 형제를 따라 수도자의 길을 걸었고, 807년에 테살로니카 대주교로 임명되었다. 그리고 유배를 갔다가 832년에 세상을 떠났다. 요셉은 성모님을 기리는 수많은 찬가와 강론을 남겼다. 그의 유해는 형제 테오도로의 유해와 함께 844년에 콘스탄티노플로 전해졌다. 그리스 교회는 이 두 형제를 성인으로 모시고 있다.

상흔의 테오파네

찬가 87

세상 이전에 감추어진 신비가

오늘 드러났도다

하느님의 아드님께서 사람의 아들이 되시어

인간의 한계를 받아들이시고

저희에겐 초월적 본성을 선물하셨도다

아담은 착각에 사로잡혀

꿈꾸던 대로 하느님이 되진 못하였으나

하느님께서는 아담을 거룩히 하기 위해 사람이 되셨도다

하여 피조물들은 기뻐 뛰고 땅은 춤추도다

대천사가 경외하는 마음으로

동정녀께 나타나

슬픔 대신 "기뻐하십시오"라고 말했기 때문이어라

오 우리 하느님이시여 사랑으로 육신을 취하셨으니

당신께 영광 드리나이다

찬가 88

천사들이여 어서 모이세

축제 가운데 함께 춤을 추세

하느님의 궤를 모실 때를 위해

교회를 찬송으로 가득 채우세

보라, 오늘 하늘이 품을 열어

무한한 분을 낳으신 그분을 받아들이셨나니

생명의 샘을 받아들인 땅은

축복과 아름다움으로 덮이었네

천사들은 사도들과 합창단을 이루어

경외심으로 한 생명에서 다른 생명으로 건너가신 분

생명의 왕이신 그분의 어머니를 바라보도다

어머니 앞에서 우리 모두 엎드려 기도드리세

오 여왕이시여, 당신께 연을 맺어
믿음으로 축제를 지내는 저희를 잊지 마소서
당신의 거룩한 안식을 기리나이다

테오파네와 테오도로는 예루살렘 교회의 두 형제 성인이다. 이들은 명망 있고 신심이 깊은 가문 출신으로 산 사바의 라브라에서 수도자가 되었다. 813년 콘스탄티노플로 이주한 뒤 성상 파괴를 두둔했던 황제들인 아르메니아 사람 레오와 테오필로에게 강력히 항거하다 탄압받고 투옥되고, 유배를 당했다. 이때 테오도로는 세상을 떠났다(844년). 테오파네는 성상 공경 운동을 다시 정립하기 위해 힘썼고 니케아의 주교가 된 뒤 845년에 세상을 떠났다. 형제는 불로 고문당해 얼굴에 자국이 생겼는데, 이 자국 때문에 이름에 '상흔'이라는 수식어가 붙었다. 여기 소개된 찬가들은 그들이 집필한 수많은 찬가 중 테오파네의 작품이다.

찬가 작가 요셉

찬가 89

대천사가 당신을 성령께 인장 받으신 살아 있는 책이라 불렀나이다

오 순결하신 분이시여

당신을 향해 탄복하나이다

"살베, 크나큰 기쁨의 그릇

첫 어미의 저주를 풀어내신 분이시여"

살베, 하느님의 동정 정배

당신께서는 인간을 회복시키시고 지옥을 쳐부수셨네

살베, 티 없이 깨끗하신 분, 유일한 왕의 궁전이시여

살베, 전능하신 분의 불꽃 왕좌시여

살베, 시들지 않는 장미를 피우신 태양이시여
살베, 향기로운 열매, 만물의 왕이신 그분을 낳으신 분이시여
살베, 인간적 혼인을 모르시는 분이시여
살베, 이 세상의 구원이시여
살베, 정결함의 보화시여
당신으로 인해 저희가 넘어졌음에도 다시 일어섰나이다
살베, 성모님이시여, 향기로운 백합이시여
오 향기로운 향의 연기이자 고귀한 향유이시여!

9세기 초 이탈리아의 살레르노Salerno에서 태어난 요셉은 시칠리아에서 살다가 아랍인의 침략으로 피신하게 되었다. 그 후 살로니코Salonicco(테살로니키)에서 수도자로 지냈다. 840년경 콘스탄티노플로 향했고, 선교 활동을 하기 위해 로마에 파견되었으나 해적에게 습격당했다. 오랜 감금 생활 끝에 풀려난 요셉은 콘스탄티노플로 돌아가 전례적 찬가를 작곡한 것으로 알려진다. 그는 886년에 세상을 떠났다.

요셉은 왕성하게 활동하던 유명한 찬가 작가였다. 그의 시편 대부분은 그리스 교회 전례서에 수록되어 있으며, 그중 방대한 양의 성모님 찬가는 《마리알레Mariale》라는 이름으로 희랍 교부 문헌집

에 엮여 있다. 찬가 89는 아카티스토 축일에 해당하는 카논에 나오는 것이다. 이 작품에서 여러 주제(유일한 왕의 궁전, 전능하신 분의 불꽃 왕좌, 이 세상의 구원 등)가 얼마나 잘 응집되어 있는지 주목해 보자. 이는 당시 전례가 전통을 잘 보존할 힘을 지니고 있음을 드러내는 것으로, 초기 그리스도교의 역사에 이어져 오던 사상과 개념의 기억을 다른 문학보다 더 오래 보존하도록 해 주는 것이었다.

니코메디아의 제오르지오

찬가 90

불결한 손은 감히 댈 수 없으리
하느님의 살아 계신 감실인 그분을
대신 믿는 이들의 입술은
천사의 끊임없는 목소리로 환호하나이다
오, 순결하신 동정녀시여, 진정 당신께서는
모든 피조물 중 가장 찬양받으실 분이시나이다!

오 하느님의 동정 성모시여, 당신의 영혼은
깨끗함과 아름다움을 비추시니

하느님의 천상 은총의 정점이시로다
하여 당신께서는 항상 영원한 빛으로
당신께 찬미하는 이들을 비추시나이다
오, 순결하신 동정녀시여, 진정 당신께서는
모든 피조물 중 가장 찬양받으실 분이시나이다!

오 하느님의 동정 성모시여, 당신의 기적은
인간의 언어를 뛰어넘나니
저는 당신 안에서 인간의 언어를 뛰어넘어
죄의 물결에 저항하는 한 육신을 보나이다
하여 저는 은총으로 당신을 찬미하나이다
오, 순결하신 동정녀시여, 진정 당신께서는
모든 피조물 중 가장 찬양받으실 분이시나이다!

오 티 없이 맑으신 분이시여, 율법은 신비롭게도
거룩한 장막과 성배
경탄할 법궤, 휘장과 지팡이
무너질 수 없는 성전, 하느님의 문으로 당신을 미리 드러내었네
하여 이것이 우리에게 외치도록 가르치나이다

오, 순결하신 동정녀시여, 진정 당신께서는
모든 피조물 중 가장 찬양받으실 분이시나이다!

다윗은 노래하며 당신을 예언하였으니
당신을 덕행과 아름다움으로 치장하여
왕의 오른편에 앉은 공주로 그렸나이다
하여 그는 기쁨 가운데 이처럼 외치나이다
오, 순결하신 동정녀시여, 진정 당신께서는
모든 피조물 중 가장 찬양받으실 분이시나이다!

솔로몬은 이미 당신을
하느님의 자리로 생각하며 당신을 위해 문을 열었나이다
당신은 왕의 문이자
그분의 인장을 받은 생명의 샘이시니
그로부터 맑은 물이 흐르나이다
이처럼 믿음으로 외치는 저희에게
오, 순결하신 동정녀시여, 진정 당신께서는
모든 피조물 중 가장 찬양받으실 분이시나이다!

당신께서는 제 영혼에

모든 은총의 선물을 내려 주시니

오 하느님의 어머니시여 마땅히 당신께 영광 드리는 이에게

생명을 흐르게 하시나이다

하여 청하오니 당신께서는 이처럼 외치는 이를

보호하시고, 예비하시며, 지켜 주소서

오, 순결하신 동정녀시여, 진정 당신께서는

모든 피조물 중 가장 찬양받으실 분이시나이다!

    제오르지오는 9세기의 저술가이자, 그를 니코메디아(비티니아 왕국의 수도로서 현재 튀르키예 이즈미트에 위치한 도시) 대주교로 임명한 포티오스의 제자였다.

    그는 그리스 교회 전례서에 수록된 찬가들을 지었는데 지금 소개된 찬가는 후렴구가 반복되는 계응 화답송으로 구성되었다. 아마 전례에서 최대한 널리 사용되도록 하려는 의도로 보인다. 이는 공동 기도의 목소리를 더욱 풍성하게 하는 효과적인 방법이기도 하다.

그리스 교회에서의 성모님을 향한 기원 시간 전례

찬가 91

하느님의 어머니께 그침 없이 의지하세

우리는 죄와 불행으로 짓눌려 있으니

참회하는 마음으로, 그분께 절하며

영혼 깊은 곳으로부터 외치나이다

오 여왕이시여, 저희를 도와주시고 저희를 불쌍히 여기소서

서둘러 주소서, 저희는 죄의 무게에

무너지려 하나이다

당신의 종들을 실망케 마소서

당신만이 저희의 희망이시니

오 하느님의 어머니시여, 합당치 못한 저희라도

당신의 능력을 알리는 데 결코 지치지 않으리이다

저희 위해 전구하실 당신이 아니시라면

그토록 많은 위험에서 그 누가 저희를 구할 수 있으리이까

그 누가 우리를 오늘까지 보호받게 하셨으리이까

오 여왕이시여, 저희가 당신을 떠나는 일 없게 하소서

당신께서는 항상 당신의 종을

모든 불행으로부터 구하시오니

찬가 92

지극히 거룩하신 어머니

사람들의 폭압에 저희를 버려두지 마소서

당신 종의 탄원을 들어주소서

저는 근심으로 짓눌려 있고

악의 억압에 맞서기는 너무나 버거우니

저는 불행으로 부르짖나이다, 보호받을 것도 없다네

피난할 곳도 보이지 않고 만신창이가 되어 있는데

당신의 위안 말고는 그 어떤 것도 찾을 수 없나이다

오, 세상의 여왕이시여, 믿는 이들의 희망, 보호이시여

저희 탄원을 물리치지 마시고
갈구하는 것을 얻어 주소서

   그리스 교회에서는 8월 15일 성모 승천 대축일을 준비하는 의미로 8월 1일부터 매일 파라클리시스Paraklisis* 혹은 탄원이라고도 불리는 성모님께 봉헌하는 전례를 바치는 관습이 있다. 하지만 단순히 성모 승천 기간에만 바치지 않고, 전례 지침rubrica에 쓰여 있듯이 '영혼이 고뇌와 시험 가운데 있다면 언제든' 바칠 수 있다. 이 시간 전례문은 수도자 테오스테리카토(9세기)가 작성한 찬가에 담겨 있으며, 엘리사벳 방문(루카 1,39-56) 이야기를 다루는 노래와 성모님을 향한 찬가와 탄원 시들이 담겨 있다. 찬가 91, 92는 여기에서 가져온 것이다.

   이 찬가들에서는 탄원을 올리는 분께 자신을 낮춰 전적으로 의탁하려는 마음이 매우 생생하게 느껴진다(찬가 91 "하느님의 어머니께 그침 없이 의지하세 우리는 죄와 불행으로 짓눌려 있으니", 찬가 92 "저는 불행으로 부르짖나이다, 보호받을 것도 없다네"). 이러한 효과는 죄인이 마주하는 불행과, 탄원으로서 얻어 낸 성모님의 구원적 중재에서 오는 행복을 대조시키는 효과를 지닌다.

아르고스의 베드로

찬가 93

당신의 무익한 종들인 저희가

두려움과 열망으로 감히 당신께 탄원드리고

당신을 찬미하나이다, 오 어머니

저희 죄의 용서를 허락하시고

보이는 원수, 보이지 않은 원수 모두로부터의 승리를 주소서

병든 이에게는 치유를

건강한 이들에게는

하느님을 향한 감사와 사랑의 마음을 주소서

분열된 이들에게는 일치를

이웃과 조화를 이루는 이에게는

보호와 안정을 주소서

낙담한 이들에게

고통받는 이들에게 행복한 위안을 주소서

이성의 빛을 따르기를 주저하는 이들에게

하느님 은총의 빛을 보내 주소서

여정 중에 있는 이들의 동반자가 되어 주시고

바다에 있는 이들과 항해하시며

넘어질 위험에 있는 이들을 지탱하시고

서 있는 이들의 기댈 곳이 되어 주소서

안정된 이들에겐 번영을

불행한 이들에겐 도움을 주소서

우리 모든 삶을 안전하게 이끌어 주시고

찬란히 빛나는 성인들의 광채로 저희를 이끌어 올리소서

저희가 보호자이신 당신께

감사의 찬가를 드리는 동안

그들과 함께 하느님이신 당신의 아드님,

영원하신 성부와 생명을 주신 성령께도

영광을 드릴 수 있도록 하소서

영광이 처음과 같이 이제와 항상 영원히 그분께
아멘!

  9세기 말에 콘스탄티노플에서 태어난 아르고스의 베드로는 수도자의 길을 걸었다. 펠로폰네소스 아르고스의 주교로 선출되어 가난한 이들에게 애덕을 실천한 것으로 유명하다. 그에 관해 전해지는 자료에는 성모님에 관한 강론 여러 편이 있다.

10세기 작자 미상의 기도문

찬가 94

[영성체를 준비하는 동안]

하느님의 복되신 정배이시여, 비옥한 땅이시여

그곳에서 씨 없이 세상 구원의 이삭의

싹을 틔우신 분

제가 이 이삭을 먹고 구원받기에 합당케 하소서

생명의 빵을 담은 지극히 거룩한 식탁이여

자비로 하늘에서 내려와 새로운 생명을 세상에 내리시나니

제가 이를 맛보고 살기에 합당하게 하소서

오 성모님, 저를 자비로 맞아들이시고
당신의 자비를 베푸소서
그 귀중한 진주를 받기에 합당하도록 저를 깨끗이 보호하시고
저를 거룩하게 하소서

성모님, 하느님의 어머니
신적 호의가 머무는 자리, 당신의 기도로
아드님의 거룩한 신비에
합당히 함께할 수 있도록
저를 도구로 선택해 주소서

오 거룩하신 하느님의 말씀이시여
당신의 거룩한 신비에 나아가려 하오니
거룩한 어머니의 기도로
제 모든 것을 거룩하게 하소서

오 신적 은총이 가득하신 분, 티 없이 맑으신 분이시여
당신께서는 구세주 그리스도를 낳으셨으니
저는 그 거룩한 신비에 저 자신을 맡기며

당신께 탄원하나이다

영혼과 육신의 모든 더러움에서 저를 씻어 주소서!

저는 불꽃을 받는 곳에서

밀랍과 잡초처럼 불에 삼켜질 것을 걱정할진대

경이로운 신비여! 저는 진흙에 지나지 않거늘

어찌 하느님의 몸과 피와 통교하며

사라지지 않을 수 있나이까

하느님께서는 당신의 티 없으신 피로부터 육을 취하셨나이다!

하여 인류와 천사들의 군대가

당신을 바라보며 굳건히 영광을 노래하리니

세상의 주님께서 인간 본성을 취하셨도다

찬가 95

[영성체 후 감사 기도]

당신께서는 불멸의 샘을 낳으셨나이다

지극히 거룩하신 하느님의 어머니시여

제 어두운 영혼의 빛이시여

저의 희망, 저의 보호

저의 피난처, 저의 위안과 기쁨

감사드릴 뿐이외다

저 비록 이것들 중 그 어떤 것에도 합당치 않으나

당신께서는 당신 아들의 티 없이 맑으신 몸과 지극히 거룩한 피를

영할 수 있도록 하셨나이다

세상의 진정한 빛을 낳으신 분이시여

제 마음의 영적 눈을 비추어 주소서

당신께서는 불멸의 샘을 낳으셨으니

죄로 죽은 제게 생명을 다시 주소서

사랑의 하느님의 신실하신 어머니시여

저를 가엾이 여기사 제 마음에

통고와 회개, 겸손의 생각을 부어 주시고

제 얼룩진 판단에서 회개시켜 주소서

제 마지막 숨 쉬는 순간까지

단죄 없이

당신의 지극히 깨끗한 신비로부터 오는
축성을 받기에 합당케 하소서
이는 제 영혼과 육신의 구원을 위한 것이나이다

제게 회개와 고백의 눈물을 주소서
제가 당신을 찬미하고
제 생애 모든 날에 당신께 영광 드릴 수 있도록
당신께서는 영원히
영광받으시고 찬미받으시나이다
아멘!

첫 찬가(영성체를 준비하는 동안)에서 보통 예수님께 해당하는 주제들이 성모 마리아의 역할과 연관되어 새롭게 강조되는 모습이 매우 인상적이다. 육화에서 성모님의 역할이 항상 강조되는 움직임이 예수님의 모든 사명과 활동의 틀 안에서도 암시적으로 작용함을 알 수 있다. 어머니가 되시겠다는 그분의 동의가 없었다면 육화 역시 가능하지 못했을 것이며, 그렇다면 그분의 가르침도, 성찬례도, 더 나아가 구원도 이루어지지 않았을 것이기 때문이다. 따라서 성모님께서도 이러한 역사의 공을 나누어 받으심이 마땅하다.

따라서 여기에서는 아기 예수님의 복음 이야기에서 나타난 공관 복음의 의도에서 한 걸음 더 나아간 해석을 다룬다고 볼 수 있다. 이는 어디까지나 그리스도교 공동체의 기도와 신심 안에서 이루어진 과정이며, 특정 주교들의 결정이라기보단 '교회의 신앙 감각'에 의해 고무된 운동이었다.

두 번째 기도인 '영성체 후 감사 기도'는 호롤로기온Horologion에서 유래하며 성찬의 맥락과 연결되어 있다. 용어를 다의적으로 사용하는 방식이 눈에 띄는데, 이는 성탄과 성찬례 사이의 깊은 연관성을 부각시키기 위함이다("당신께서는 당신 아들의 티 없이 맑으신 몸과 지극히 거룩한 피를 영할 수 있도록 하셨나이다").

샤르트르의 풀베르토

찬가 96

거룩하신 성모님, 비탄에 빠진 이를 구해 주시고

낙담한 이들을 도와주시며, 약한 이들을 격려해 주소서

저희를 위해 빌어 주소서, 사제들을 위해 역사하소서

축성된 여인들을 위해 전구해 주소서

당신의 기억을 기념하는 이들이

그 모두가 당신의 자애로운 도움을

체험할 수 있기를 바라나이다

당신께 비는 이들의 목소리에 귀 기울여 주시고

모든 이의 소망을 이루어 주소서

하느님의 백성을 위한 당신의 한결같은 전구가

당신의 과업이 되게 하소서

세상에 구원을 주신 분

영원히 살아 계시며 다스리시는

그분을 낳을 자격을 얻으신

오 복된 이이시여

  풀베르토(960~1029년)는 갈리아 교회의 스승이자 저술가로서 1006년 샤르트르의 주교로 서임되었다. 그의 사목 활동에 관한 기록은 매우 희소하고 파편적으로 남아 있다. 화재로 무너진 샤르트르의 노트르담 대성당을 복원하였고, 귀족들의 부당한 권세에 맞서 교회의 권리를 수호하려 노력한 위대한 수호자이자, 엄격한 영적 스승이었다. 오늘날까지 그의 많은 설교와 논고가 남아 있다. 그의 설교에는 당시 널리 퍼져 있었을 신심, 동정 성모님에 대한 탄원이 담겨 있다.

아베 마리스 스텔라

찬가 97

살베, 바다의 별이시여

하느님의 영광스러운 어머니

오 거룩한 동정녀이신 성모님이시여

하늘 위 활짝 열린 문이시여

하늘에서 내려온 천사가

하느님의 메시지를 가지고 왔네

당신께서는 이를 받아들이시어

하와의 운명을 바꾸고

세상에서는 평화가 미소를 짓는다네

모든 억압의 사슬을 부수시고
앞 못 보는 이들에게 빛을 주소서
모든 사람에게 악을 멀리 쫓아 주시고
그들에게 선을 전구해 주소서

모든 이가 당신께서 저희의 어머니이심을 알게 하시고
그리스도께 저희의 기도를 보여 주소서
당신의 아드님이 되신 그분께선
자비하시어 이를 받아들이시나니

빼어나신 동정녀시여, 감미로우시고 사랑스러우신 분
저희를 저희 죄에서 해방시켜 주소서
저희를 겸손하고 깨끗하게 하시고 평온한 날을 저희에게 허락하소서
당신의 아드님을 만날 때까지
저희의 여정을 비추어 주시어
하늘나라에서 기뻐하며 그분을 뵈옵게 하소서!

성모님의 찬가 중 가장 유명한 것으로, 감미로운 메시지와 수많은 이미지, 성모님을 향한 애정과 심오하고도 인간적인 감성이 풍성하게 드러난다. 여기에서 그분은 인생이라는 거친 바다에서 방향을 제시해 주시는 바다의 별로 칭송된다.

이 찬가는 저자가 명확히 알려지지 않았다. 저자로 거론되는 이들로는 베난시오 포르투나토Venanzio Fortunato, 로베르토 왕, 베르나르도 성인이 있다. 한 가지 분명한 것은 이 작품이 1000년 이전에 저술되었다는 것이다. 10세기 작품인 '95번 필사본'에 포함되어 있기 때문이다. 이 '95번 필사본'은 스위스의 생 갈 수도원에 보존되어 있다.

역자 후기

사실 처음 펜을 잡은 이의 생각을 어떻게 최대한 손상 없이 독자들에게 전할 수 있을까 하는 고민은 원고를 받는 순간부터 그림자처럼 옮긴이를 따라다닌다. 눈앞에 있는 사람의 의중을 파악하는 것도 힘들진대 대화 한번 나눠 본 적 없는 사람의 의도를 우리말로 어떻게 옮길 것인가. 천 년 이상 된 기도문을 이역만리 멀리 떨어진 곳에서 말이다.

성모님께 바치는 이 놀라운 찬가들을 우리말로 옮기는 일은 쉽지 않았다. 그러나 아득히 먼 옛날에 기록되었음에도 확실히 전달된 것이 있었다. 성모님에 대한 그들의 사랑과 열정이다. 그 열정은 무엇인가에 흥미를 느껴 몰입하는 소모적인 열정이 아니다. 그들은 성모님을 너무나 사랑했기에 그분을 찬미하며 고통과 역경까지 마다하지 않았다.

'고통' 혹은 '열정'으로 번역되는 영어 패션passion의 어원이 되는 라틴어 파시오passio는 영어와 같이 고통, 수난, 열정 등으로 번역되지만, 사실 그보다 더 심오한 의미를 지니고 있다. 단순히 내가 운이 나빠서 우연히 만나게 된 고통이 아니라, 무엇인가를 달성하기 위해 감내해야 할 '고통', 그리고 이러한 고통이 수반될 것을 알고 있음에도 불구하고 이에 투신하는 '열정'을 뜻한다. 우리 그리스도인은 이러한 고통과 열정을 들으면 바로 떠오르는 것이 있다. 예수 그리스도의 수난이다. 이는 라틴어 파시오passio의 의미와 완벽히 일치한다. 패션 오브 크라이스트는 이러한 심오한 의미의 수난과 열정인 것이다. 그분은 우리의 구원을 위해 성모님을 통해 사람이 되셨고, 우리에 대한 사랑이 너무나 큰 나머지 그 '고통'이 어마어마함을 아시면서도 '열정'적으로 스스로 십자가를 지셨다.

성모님 역시 그러하셨다. 요셉과 장밋빛 미래를 소박하게 꿈꾸었던 그분은 어느 날 찾아온 대천사 가브리엘의 인사로 꿈꿔 왔던

삶이 한순간에 완전히 바뀌게 되었다. 당시 유다 사회에서 혼전에 아이를 갖는다는 것은 처형받을 일이었다. 목숨의 위험을 차치하고도, 당신께서 사랑하시는 요셉을 잃을 수 있다는 걱정이 더 크지 않으셨을까. 당신 목숨보다 그분을 더 사랑하셨을 것이기에. 요셉에겐 이 잉태를 어떻게 설명할 것인가. 이 일을 요셉이 과연 믿어 줄 것인가. 그럼에도 성모님께서는 하느님에 대한 사랑, 인류에 대한 사랑으로 그 파시오passio를 기꺼이 감당하셨다.

천 년 가까이 되는 지고의 세월 동안 각자의 자리에서 성모님을 찬미한 분들의 기도문과 그분들이 겪었던 이야기를 옮기며, 그분들이 감내했던 파시오passio 역시 느낄 수 있었다. 그들은 성상 파괴, 이단들의 풍파 안에서 그분을 지키기 위해 유배도 가고 투옥도 기꺼이 감내했다. 오늘날 우리가 편안한 환경에서 누리는 올바른 성모님 찬미가 그들에게는 평생 갈망했던 소원이었고, 그토록 투쟁했던 이유였다.

하루 종일 원고와 씨름하며 마지막 번역 부분을 끝마치고 시계를 보니 어느덧 시간은 자정을 가리키고 있다. 적어도 오늘 안에는 이 책을 모두 옮기고 싶었는데 나름 목표를 달성한 셈이다. 수많은 신앙 선조의 파시오passio를 생각하니, 피로함으로 잠시나마 짓눌려 있던 자신이 부끄러워진다. 성모님 찬가를 쓰기 위해 처음 펜을 잡았던 그들은 성모님을 찬미하기 위해, 그분을 연구하기 위해 하루가 멀다 하고 밤을 새우며 고뇌했을 것이다.

2025년 로마에서
이인섭 아우구스티노

부록

용어 해설

네스토리우스주의Nestorianesimo: 콘스탄티노플의 대주교였던 네스토리우스(428년 선출)에 의해 주창된 이론으로, 그리스도 안에는 하나의 인격으로 결합되어 있지만 뚜렷이 구분되는 두 개의 본성이 있다는 것이다. 그 두 본성은 나란히 병행하는 것으로, 서로가 자신의 고유성과 그 작용에 전연 영향을 미치지 않는다. 때문에 이 이론은 그리스도 안에 마치 인위적으로 묶인 듯한 두 인격이 존재한다는 인상을 주었다. 그 결과 성모님을 인성의 예수님의 어머니로는 받아들였지만, 하느님의 어머니Theotókos가 되지는 못한다는 추론을 했다. 이 이론을 가장 반대했던 이는 알렉산드리아의 치릴로다. 결국 네스토리우스 이단은 431년 에페소 공의회에서 이단 판정을 받았고, 그 공의회에서 성모님은 테오토코스, 곧 하느님의 어머니로 장엄하게 선포되었다.

단성론Monofisismo: 4세기경 에우티케스 주교에 의해 주창된 이론으로 네스토리우스 이단을 반대하다 생긴 사상이다. 이 이론에 의하면 그리스도 안에는 하나의 본성 곧 신성만이 존재한다는 것이다. 이 단어의 어원이 되는 모노피시Monofisi라는 단어는 본래 그리스어로 '하나의 본성'을 의미한다. 단성론자는 예수님께서는 참하느님이시지만, 동시에 참사람은 아니라고 말한다. 그분 안에 있는 인간적 본성은 신적 본성 안에 흡수되었다고 보는 것이다. 단성론은 451년 칼케돈 공의회에서 이단으로 판명되었지만, 이후에도 수 세기 동안 살아남았고, 오늘날에도 이집트의 콥트교회와 에티오피아의 콥트교회에는 그 영향이 남아 있다.

단의론Monotelismo: 단성론에서 비롯된 또 하나의 이단으로 그리스도 안에는 신성과 인성의 두 가지가 아닌 오로지 한 가지 본성의 의지가 존재한다는 이론이다. 예루살렘의 주교 소프로니오는 이에 강력하게 반대하였으며, 단의론은 680년 제3차 콘스탄티노폴리스 공의회에서 이단으로 판명되었다.

라브라Lavra: 동방 수도 문화에서 사용되는 명칭으로, 격리된 개별 거주지에서 지내면서도 장상 한 명의 권위 아래 생활하는 은수 공동체를 가리킨다. 엄밀한 의미에서 라브라는 은수자들이 거주하는 마을과 일반 수도회의 중간 개념이다. 유명한 라브라는 산 사바가 설립한 공동체로, 예루살렘과 사해 사이의 험난한 암석 사막 지역에 위치한다. 이곳은 8세기에 주교이자 교회학자로 활동했던 다마스쿠스의 요한이 지낸 곳이기도 하다.

마론파Maroniti: 시리아에 기원을 둔 그리스도인이다. 이들 공동체는 시리아 지역 오론테스강에 위치한 수도원을 중심으로 형성되었는데, 이 수도원은 410년경 세상을 떠난 거룩한 수도자 마론에게 헌정되었다. 10세기와 11세기 사이 아랍인들에 의해 수도원이 파괴된 이후, 이곳에 있던 수도자와 신앙인 중 많은 이가 레바논과 키프로스로 이주하여 본격적인 '마론 백성'을 형성하였다. 마론 교회는 본래 안티오키아 총대주교에 속한 공동체였지만 안티오키아의 총대주교가 공동체에 대한 권한을 설파했음에도 8세기에 독자적 총대주교를 그대로 두고, 고유한 언어(시리아어), 고유 전례를 유지하는 등 이에 순응하지 않았다. 오늘날에도 마론파는 레바논에서 상당한 종교적, 정치적 영향력을 미치는 집단으로 자리잡고 있다. 마론파 가톨릭의 경우 전례는 기본적으로 안티오키아 전례이며, 이에 라틴 전례의 영향을 받은 요소가 첨가되었다.

마리알레Mariale: 하느님의 어머니이신 성모님께 봉헌된 찬가와 기도문들을 엮은 책이다. 이 책은 연구와 기도, 개인적 성찰 모두에 사용된다.

메갈리나리아Megalinaria: 성모님과 성인들을 향한 시적 구성의 찬가. 비잔틴 교회의 고유 유산이다.

모사라베Mozarabico: 이 용어는 아랍어에서 파생된 것으로 우리말로 풀이하면 '아랍화되다'라는 뜻이다. 중세 스페인의 무어인들이 그들과 함께 살았던 그리스도인에게 붙인 이름이다. 모사라베 그리스도인은 그들의 지도자 문명과 관습, 언어를 어느 정도 받아들이면서도 매우 인상적인 그리스도교-아랍 문화권을 형성하였다. 전례 역시 고유의 색깔을 지니고 있었는데, 이 전례를 모사라베 전례liturgia mozarabica라고 한다. 이 전례는 12세기까지 전해져 내려왔다. 오늘날엔 톨레도 대성당에서만 이 전례를 발견할 수 있다.

스투디오스: 콘스탄티노플에 위치한 수도원으로, 이 이름의 근원이 되는 플라비우스 스투디우스(463년)가 세웠다. '스투디티'라고 불렸던 이 수도원의 수도자들은 비잔틴 교회의 생활양식과 문화에 지대한 영향을 미쳤다. 회화, 성경 필사, 찬가 작곡 등의 작업이 이루어졌으며, 여러 서간이 서술되었고 교회 신학 문헌도 풍부하게 작성되었다. 스투디오스 수도원장이었던 테오도로는 이 수도원의 매우 중요한 신학자로서, 826년 수도원에 대大바실리오의 규칙을 도입하였다. 이후 비잔틴 왕국이 몰락하면서 수도원 역시 쇠퇴하였다. 콘스탄티노플이 오스만 제국에 의해 정복되었을 때(1453년) 수도자들은 자취를 감추었고 수도원 역시 모스크로 변질되었다.

시간경Ore canoniche: 라틴 교회(서방교회) 시간 전례 안에서 시간별로 나누어진 부분을 이렇게 일컫는다. 곧 독서기도, 아침기도, 낮기도(삼시경, 육시경, 구시경), 저녁기도와 끝기도가 그것이다. 시간 전례는 하루의 다양한 시간을 하느님께 거룩히 봉헌하는 의미를 지닌다. 이 다양한 부분은 하나의 '시간 전례liturgia delle ore'를 구성하고, 미사와도 연결되어 있으며, 기도하는 교회의 가장 권위 있고 특권적인 표현으로 남아 있다. 모든 시간경은 서로 다른 시편, 찬가, 성경소구聖經小句와 교부 문헌 독서가 번갈아 이루어진다.

아나포라Anáfora: 동방 전례에서 사용하는 고유한 용어로, 라틴 전례에서 이에 대응되는 용어는 카논Canone(전례에서 하느님을 찬미하기 위해 따라야 할 규범)이다. 이는 고양, 정확하게는 희생된 이들의 고양을 뜻하는데, 하느님에게 희생제물을 봉헌하기 위한 것이다. 이는 미사의 중심을 구성하는 주제이기도 하다.

아르메니아 교회: 아르메니아는 소아시아의 산악 지역으로, 3세기경에 복음이 전파되었다. 이 교회에서 가장 유명한 카톨리코스 katolicòs(본래 해당 지역의 사목적 책임을 지고 있었던 카이사리아 총대리를 부르는 말)로는 네르세스로, 374년 아르메니아 교회를 로마로부터 떼어 내려 했던 파파스Papas 왕에 의해 독살되었다. 교회 분리는 551년에 이루어졌는데, 당시 분파된 아르메니아 교회에는 단성론이 많이 퍼져 있었다.
15세기 초 피렌체 공의회에서 일부 아르메니아 그리스도인이 자신들의 전례 양식을 유지한 채 로마 교회로 다시금 결합되었다.

아르메니아 전례는 비잔틴 전례의 가장 오래된 양식을 보존하고 있다고 볼 수 있으며, 5세기경의 고전 아르메니아어로 이루어진다. 이탈리아에서 활동하는 아르메니아 공동체로는 베네치아의 성 라자로섬에 있는 메키타르 베네딕토 수도 공동체가 있다.

아리우스주의Arianesimo: 알렉산드리아의 사제이자 신학자인 아리우스를 중심으로 형성된 이단. 예수님께서는 하느님으로부터 창조되셨으니, 이처럼 시작이 있으셨다는 점에 의해 하느님으로서 존재하는 것이 아니라 하느님과 세상의 중재자로서의 역할을 맡는다는 주장이다. 이 주장에 따르면 예수님의 정체성은 명확히 규정되지 않는다. 곧 완전한 의미에서의 하느님도, 피조물도 아니며, 양아들의 의미로서의 하느님의 아드님으로 나타난다. 다만 이에 관해 확실히 이야기할 수 있는 바는 영원과 우연의 영역 사이에 자리 잡은 세상 그 모든 피조물들 중 가장 위에 계신 분이라는 것이다. 이들은 성모님의 위치에 관해서 예수님의 어머니이시긴 하나 하느님의 어머니는 아니라고 주장한다. 이러한 불온전한 그리스도론은 4세기부터 교회의 양극화를 유발했는데, 그 갈등이 꽤 오래 지속되었다. 이에 항거한 이들 중 주목할 만한 대표적인 인물은 알렉산드리아의 아타나시오이다. 이 아리우스주의는 니케아 공의회(325년)에서 이단으로 단정되었고, 그 공의회에서 예수님의 신성과 예수님께서 하느님과 같으심이 다시금 확정되었다.

아카티스토Acátisto: 이 용어는 본래 '나는 앉지 않는다'라는 의미의 그리스어로, 비잔틴 교회 전례에서 '서서' 부르는 찬가를 일컫는 단어다. 이 찬가는 숭고한 기도로 이루어진 24연의 긴 구성으로 성모님과, 예수님의 육화로 인류가 얻은 선익을 기린다.

영지주의Gnosticismo: 이 용어는 그노시스gnosis(지식)라는 그리스어에서 유래한다. 2세기와 3세기에 대두되었으나 이후에도 종종 부각을 드러냈던 사상 흐름이다. 다양한 영지주의적 공동체들이 존재하고 나름 각자의 색깔을 유지하기에 영지주의의 '유일한 본질'을 설정하기 어려우나, 이러한 종교적 화두의 몇몇 토대를 살펴볼 수는 있다. 첫째, 이는 구원으로 가는 유일한 문은 '앎'이라는 것이다. 둘째, 하느님께서 땅으로 보내신 예수님은 구원을 위한 가르침을 사람들에게 전하였으나, 인류를 그리스도교적 의미로 해방시키진 않으셨다는 것이다. 셋째, 모든 피조물은 하느님의 발산이며, 하느님과 사람 사이에는 유다인들의 하느님과 같이 정의되는 중간자(데미우르고Demiurgo)가 존재할 것이라는 점이다. 넷째, 같은 맥락에서 성부이신 하느님과 사람 사이에는 무한한 거리가 있다는 점, 하지만 사람에 따라 각자의 의향이 아닌 본성에 의해 그 정도가 달리 결정되는 신적 광휘가 존재가 있다는 점 등이 있다. 또한 세상에는 빛과 어두움같이 두 가지 대립하는 원리가 있는데, 바로 선과 악이라는 것이다. 이러한 개념은 마니교에도 큰 영향을 미쳤다.

오스트라콘Ostrakon: '조개껍질'을 의미하는 고대 그리스어에서 유래하였지만, 그 의미가 확장되어 도기나 식기 조각 등 둥근 형태를 띤 모든 것을 가리키는 용어가 되었다. 특히 도기는 기록에 유용한 도구가 되었는데, 각인과 잉크를 통한 기록 모두가 가능했다. 이집트에서는 이미 체계적으로 이 오스트라콘이 사용되었는데, 여기에는 문학 작품, 종교적 작품과 편지, 문서 등이 기록되었다. 그리스에서 오스트라콘은 도시 내 특정 기피 인물을 마을에서 추방하는 투표 도구로도 사용되었다. 여기에서 오스트라키즘 ostracismo(추방)이라는 단어도 유래되었다.

이콘Icona: 일반적으로 모든 종교적 이미지를 의미하지만, 특히 제단 위에 놓는 어떤 종교적 형상을 가리킨다. 하지만 이 단어는 오늘날 그리스도, 성모 마리아와 성인들을 대표하는 동방교회 예술적인 성화를 가리키는 것으로 자주 사용된다. 비잔틴 문화의 기원을 가진 이콘의 스타일과 기술은 러시아에 전해져 매우 높은 세련미를 이루기도 했다. 이콘은 그 특유의 엄숙한 표현과, 그것이 발산하는 영적 아름다움으로 깊은 의미를 전달한다. 8세기 초, 동방의 성상 공경은 열렬히 발전하여 그 반작용이 일어났는데, 이는 레오 3세 황제가 자의적으로 개입하여 일으킨 성상 파괴 운동이었다(726년). 이 운동은 기존에 존재했던 이콘을 파괴하는 것이었는데, 이콘에 대한 신앙심이 굳건한 이들은 이에 대항하여 거의 한 세기 동안 투쟁을 이어 갔고, 그 과정에서 많은 박해가 일어나 순교자들도 발생했다. 성상 파괴자Iconoclasti라는 용어는 이러한 성상 파괴 운동을 주도한 황제들과 그 명령을 수행한 이들을 일컫는다. 이러한 움직임에 굳건히 맞서 성상 공경의 정당성을 옹호했던 대표적인 인물로는 콘스탄티노플의 제르마노와 다마스쿠스의 요한이 있다.

재커바이트파Giacobiti: 시리아 지역의 단성론자 모임으로, 야코브 바라다이오스(Iakob Baradaios, 500~578년)의 추종자들이다. 이들은 수많은 공동체와 흩어진 여러 단성론 교회 공동체를 재조직하는 데 힘썼다. 그리고 여러 독단적인 설교를 하며 임의적으로 주교와 부제를 임명하는 등 독자적 교회 체계를 만들려 하였다. 1440년 재커바이트 교회의 일부가 가톨릭 교회로 다시 결합되었고, 이윽고 다른 공동체들과 함께 '시로말랑카라 가톨릭'의 이름으로 가톨릭 교회 안으로 들어왔다.

전례Liturgia: 이 단어의 순수한 그리스어 의미는 '백성의 유익을 위해 행하는 봉사'이다. 조직화된 교회 안에서는 이 단어가 공적 예식으로 표현되는 일련의 종교적 예식을 일컫는다. 이러한 예식은 믿음의 증진을 위한 것이자 신앙의 외적인 표현이다. 전례는 그것이 체계화되고 다듬어진 지역에 따라 매우 다양한 형태로 드러난다. 비잔틴 전례(비잔틴-슬라브 전례: 이는 러시아 정교에 해당. 루테니아 전례: 우크라이나 가톨릭 교회가 해당, 마로니아 전례와 아르메니아 전례 등)와 라틴 전례(가장 널리 퍼진 로마 전례와 밀라노 교구를 비롯한 몇몇 지역에서 봉헌되는 암브로시오 전례, 리옹 지역에서 봉헌되는 리옹 전례, 톨레도 대성당에서 봉헌되는 모사라베 전례, 포르투갈의 브라가에서 봉헌되는 브라가 전례 등) 등이 그렇다.

카논Canone: 문자적으로는 '규범, 기준'을 뜻한다. 그리스 전례에서는 아홉 개의 송시로 구성된 전례의 일부분을 이렇게 부르고 있다. 로마 교회의 경우 이 '카논'이라는 용어가 미사의 가장 중요한 성체 축성의 형식을 포함하는 핵심 부분을 가리킨다.

파라클리시스Paraclisis: 본래 그리스어로 '위로'를 뜻하는 이 단어는 그리스어를 사용하는 비잔틴 교회 안에서의 여러 전례 거행 중 특히 8월 15일 성모님 축일을 준비하며 거행하는 전례를 일컫는 말이 되었다. 이는 다양한 기도문, 곧 루카 복음서와 아홉 개의 송시로 구성된 찬가집으로 이루어져 있다.

참고 문헌

Bruni G., *Mariologia ecumenica. Approcci, documenti, prospettive*, Bologna 2009.

Comunità di Bose [편저], *Maria. Testi teologici e spirituali dal I al XX secolo*, Milano 2000.

Culliver M., *Maria chi sei veramente? I differenti volti della madre di Gesù nel Nuovo Testamento*, Torino 2002.

Gharib G. - Toniolo E.M. - Gambero L. - Di Nola G. [편저], *Testi mariani del primo millennio*, 4 voll., Roma 1988-1991.

Gila A., *Le più antiche testimonianze letterarie sulla morte e glorificazione della Madre di Dio. I racconti sul Transito di Maria tra fede e teologia*, Padova 2010.

Laurentin R., *Tutte le genti mi diranno beata. Due millenni di riflessioni cristiane*, Bologna 1986.

Perale M. - Sorsaja A., *Maria nel Nuovo Testamento*, Assisi 1985.

Sartor D.M., *Le feste della Madonna. Note storiche e liturgiche per una celebrazione partecipata*, Bologna 1987.

Valentini A., *Maria secondo le Scritture. Figlia di Sion e Madre del Signore*, Bologna 2007.

주제 색인(찬가 번호)

성모님의 탄생 79, 80.

성모 영보 5, 9, 19, 25, 38, 48, 55, 67, 30, 87, 89.

대림 24, 26, 27, 28, 34.

육화와 성탄, 하느님의 어머니이신 성모님 2, 4, 5, 7, 10, 12, 15, 17, 18, 19, 21, 22, 23, 41, 49, 50, 52, 61, 76, 78.

그리스도의 수난과 성모님의 통고 69, 70, 71.

성모 승천 58, 59, 62, 64, 85, 88.

성모님의 전구를 통해 그리스도께 바치는 기도와 찬가 8, 15, 23, 24, 25, 26, 27, 28, 35.

성모님께 감사 3, 35, 49, 61.

성모님을 향한 기쁨의 찬가 1, 6, 9, 10, 11, 12, 13, 16, 37, 38, 39, 40, 41, 43, 44, 48, 51, 52, 54, 55, 57, 60, 63, 65, 67, 72, 77, 79, 80, 81, 82, 83, 90.

도움 요청 8, 14, 29, 42, 45, 46, 47, 53, 56, 60 66, 68.

성찰이 담긴 구절 2, 5, 17, 18, 20, 21, 22, 36.

출처

찬가 1. 루카 복음서

찬가 2. Quasten, *Patrologia*, Torino 1967, pp. 147-148.

찬가 3. *La tradizione apostolica*, cap. IV, trad. di R. Tateo, Alba 1972.

찬가 4. Migne, *Patrologia latina*, 10,66-67.

찬가 5. Q. Cataudella, *Antologia cristiana: i primi secoli*, Milano 1969, pp. 185-187.

찬가 6. L.Th. Lefort, *L'homilie de St. Athanase*, Papyrus de Turin, in *Le Muséon* 71 (1958).

찬가 7. Migne, *Patrologia graeca*, 31,1464.

찬가 8. *Horologion*, Roma 1937, pp. 148-149.

찬가 9. Migne, *Patrologia graeca*, 62,765-766.

찬가 10. *Marianum* 24 (1962) 503-504.

찬가 11. *Byzantinische Zeitschrift* 19 (1909) 360.

찬가 12. *Enchiridion Marianum*, n. 376-377, pp. 252-253.

찬가 13. *Horologion*, pp. 231-232

찬가 14. *Horologion*, pp. 231-232.

찬가 15. *Innologia Ambrosiana*, a cura di Manlio Simonetti, Alba 1956.

찬가 16. *Corpus Scriptorum Ecclesiasticorum latinorum*, 78.

찬가 17. Migne, *Patrologia latina*, 38,1015 e 1017.

찬가 18. M. Pellegrino, in *La Vergine Maria in Sant'Agostino*, Alba 1954, p. 143.

찬가 19. Migne, *Patrologia graeca*, 38,1319.

찬가 20. F. Gallesio (ed.), *Sermoni* di S. Massimo di Torino, Alba 1975.

찬가 21. *S. Maximi Ep. Taurinensi Collectionum sermonum antiquam*, Ed. A. Mutzenbecher.

찬가 22. Migne, *Patrologia latina*, 59,806-807.

찬가 23~28. *Sacramentarium Veronense*, a cura di L.C. Mohlberg, Roma 1956, oraz. 1333, 1355, 1361, 1365, 1369, 1370.

찬가 29~34. *Oracional visigótico*, a cura di D.J. Vives, Barcellona 1946, oraz. nn. 202, 209, 217, 222, 233, 235.

찬가 35. *Liber mozarabicus sacramentorum*, a cura di M. Ferotin, Parigi 1912.

찬가 36. Dal Carmen XXV in Migne, *Patrologia latina*, 61,636-637.

찬가 37. Migne, *Patrologia graeca*, 77,992.

찬가 38. Migne, *Patrologia graeca*, 77,1393.

찬가 39~40. Migne, *Patrologia graeca*, 65,681.720.

찬가 41. *Horologion*, pp. 899-900.

찬가 42~47. *Horologion*, pp. 32, 39, 138, 156, 171, 173.

찬가 48. Migne, *Patrologia graeca*, 93,1460-1461.

찬가 49. *Paschale Carmen*, II, in CSEL, vol. X,47-49.

찬가 50. Dal Breviario: *A solis ortus cardine*.

찬가 51~52. Migne, *Patrologia latina*, 52,584 e 581.

찬가 53. Migne, *Patrologia graeca*, 85,452,

찬가 54. A. Hamman, *Preghiere dei primi cristiani*, Milano 1954.

찬가 55~56. Migne, *Patrologia latina*, 65,97-98; 98-99.

찬가 57. C. Vona in *Omelie mariologiche di S. Giacomo di Sarug*, Roma 1953,

찬가 58~59. *Minea (o Libro dei mesi)*, Roma 1888-1901, VI, pp. 411-412.

찬가 60. P. Maas, *Fruh-byzantinische Kirchenpoesie*: I, Anonyme Hymnen des VVI Jahrh, Berlin 1931, pp. 8-10.

찬가 61. *Ordo antiquus gallicanus*, a cura di K. Gamber, Regenburg 1965.

찬가 62. A. Wenger, *L'assomption de la très Sainte dans la tradi tion bizantine du VI au X S.*, Paris 1955, p. 289.

찬가 63. Migne, *Patrologia graeca*, 28,937-940.

찬가 64. Migne, *Patrologia graeca*, 86,3301-3305.

찬가 65. Migne, *Patrologia graeca*, 87,3237.
찬가 66. J.B. Pitra, *Analecta Sacra Spicilegio Solesmensi parata*, I, Paris 1876.
찬가 67. *Minea*, IV, p. 173.
찬가 68. *Horologion*, pp. 120-122.
찬가 69~71. *La liturgia orientale della settimana santa*, Roma 1974, vol. 11.
찬가 72~73. Migne, *Patrologia latina*, 96, Libellus de Corona Virginis, IX e II.
찬가 74. Migne, *Patrologia graeca*, 98,292-309.
찬가 75. Migne, *Patrologia graeca*, 98,348-357.
찬가 76. *Minea*, II, p. 678.
찬가 77. *Minea*, II, p. 439.
찬가 78. *Pentecostarion*, Roma 1883, p. 453.
찬가 79. Migne, *Patrologia graeca*, 96,669.
찬가 80. Migne, *Patrologia graeca*, 96,667.
찬가 81. Migne, *Patrologia graeca*, 96,720.
찬가 82. G. Giamberardini, *Il culto mariano in Egitto*, vol. II, Gerusalemme 1974, p. 118.
찬가 83 G. Giamberardini, *Il culto mariano in Egitto*, p. 332.
찬가 84. G. Giamberardini, *Il culto mariano in Egitto*, p. 318.
찬가 85. Migne, *Patrologia graeca*, 99,730.
찬가 86. E. Follieri, *Un Theotokarion mariano del secolo XIV*, Ed. di storia e letteratura, Roma 1961, vol. III.
찬가 87. *Minea*, IV, p. 183.
찬가 88. *Minea*, VI, p. 409.
찬가 89. *Horologion*, p. 876.
찬가 90. *Minea*, II, p. 233.
찬가 91. *Horologion*, p. 911.
찬가 92. *Horologion*, p. 911.

찬가 93. E. Toniolo, in *Marianum* 33 (1971) 47.
찬가 94. *Horologion*, p. 935-936.
찬가 95. *Horologion*, p. 966.
찬가 96. Migne, *Patrologia latina*, 141,358-359.
찬가 97. 시간 전례의 *Ave Maris Stella*.